U0619179

中央高校基本科研业务费专项资金资助
"基于市场化运作的高校科技成果转化管理机制研究"（2019FR008）

高校技术转移管理及市场化运行

张 娟◎著

Management and Marketization for
University Technology Transfer

科学出版社

北 京

内 容 简 介

  本书系统梳理和回顾了我国改革开放以来高校科技成果转化的改革和发展历程，针对当前高校技术转移面临的专业人员缺乏、激励机制不健全、科技成果供需对接不畅、融资渠道偏少等现实困境，从理论和实践两方面阐释了推进高校技术转移市场化运行的必然趋势，并分别从高校技术转移机构运行、激励机制设计、科技成果价值评估、科技成果转化资金支持、职务科技成果国有资产管理等方面对市场化改革的政策探索和实践进展进行了分析，总结了一些规律和特点，提出了推进高校技术转移市场化运行的一些探讨性建议。

  本书适合高校科技管理工作者、技术转移经理人以及所有关心我国科技创新事业的读者阅读和参考。

图书在版编目（CIP）数据

高校技术转移管理及市场化运行/张娟著. —北京：科学出版社，2022.12
 ISBN 978-7-03-074567-5

 Ⅰ. ①高…　Ⅱ. ①张…　Ⅲ. ①高等学校-科技成果-成果转化-研究-中国　Ⅳ. ①G644

 中国版本图书馆 CIP 数据核字（2022）第 254580 号

责任编辑：杨婵娟　陈晶晶 / 责任校对：贾伟娟

责任印制：徐晓晨 / 封面设计：有道文化

斜 学 出 版 社 出版
北京东黄城根北街 16 号
邮政编码：100717
http://www.sciencep.com

北京建宏印刷有限公司 印刷
科学出版社发行　各地新华书店经销
*

2022 年 12 月第 一 版　开本：720×1000　B5
2022 年 12 月第一次印刷　印张：12
字数：202 000
定价：88.00 元
（如有印装质量问题，我社负责调换）

自　序

技术转移是科技创新链上的关键环节，前承科学技术研究，后启科技产业化，是促进科技与经济相结合的桥梁和纽带。"技术转移""科技成果转化"是我国改革开放以来科技体制改革中出现频率最高的政策要点之一，从 20 世纪 80 年代的科技成果推广应用，到"科教兴国"战略提出后大力推进产学研合作和协同创新，我国在促进科技成果转化方面不断探索，但由于体制机制原因，科技、经济"两张皮"的问题一直没有得到根本解决，科技成果转化效率依然不甚理想，改革进入了一个瓶颈期。

进入 21 世纪，新一轮科技革命和产业变革开始重构世界创新版图、重塑全球经济结构，围绕科技制高点的大国间竞争变得空前激烈。加快将科技成果转化为生产力，以高质量的科技供给支撑现代化经济体系建设，成为创新驱动发展的重要命题。唯有把挑战视为机遇，以更大的决心和勇气，对科技成果转化的难点、痛点进行体制机制改革和创新，才能在全球科技竞争中抢占先机，才能实现对我国经济社会高质量发展的战略支撑。

历次科技体制改革的实践经验表明，由于科技成果转化不仅是科技创新的过程，也是一种与市场紧密联系的经济活动，仅靠科技体制改革，而忽视市场的作用是远远不够的，只有科技体制改革和经济体制改革同时发力才能真正打通科技成果转化的堵点。

2012 年以来，以习近平同志为核心的党中央把创新摆在国家发展全局的核心位置，聚焦制约科技创新和驱动发展的突出矛盾，以问题为导向，将实施创新驱动发展战略作为一项整体性、系统性工程来抓，其突出特点就是坚持科技体制改革与经济体制改革的联动配合。2015 年 3 月，中共中央、国务院发布《关于深化体制机制改革加快实施创新驱动发展战略的若干意见》，从顶层设计上明确了科技体制改革和经济体制改革统筹推进的思路，为科技创新按下了"加速键"。

科技体制改革方面，2015 年以来，我国出台了一系列的法规制度来促进科技成果转移转化，从修订《中华人民共和国促进科技成果转化法》，到颁布《实施〈中华人民共和国促进科技成果转化法〉若干规定》（国发〔2016〕16 号），再到国务院办公厅出台《促进科技成果转移转化行动方案》（国办发〔2016〕28 号），形成了从修订法律条款、制定配套细则到部署具体任务的促进科技成果转化"三部曲"。2017 年 9 月，国务院印发《国家技术转移体系建设方案》（国发〔2017〕44 号），部署构建符合科技创新规律、技术转移规律和产业发展规律的国家技术转移体系。随后，加强知识产权保护、完善科技成果评价机制、加大财政税收对科技成果转化的支持力度、引导和鼓励社会资本投资科技创新、扩大科技成果所在单位的自主权等相关措施加快推进。

高校是国家创新体系的重要组成部分和国家科技创新的核心力量，拥有丰富的创新资源和大量的高水平科技成果，加快高校科技成果转化也一直是科技体制改革的重要内容。有关部委一直在积极探索，先后组织开展了技术转移机构认定、科技成果评价以及科技成果使用、处置和收益管理改革等试点工作，国家层面的"大三部曲"出台后，教育部出台了促进高校科技成果转化的"小三部曲"，分别是 2016 年 8 月教育部联合科技部出台的《关于加强高等学校科技成果转移转化工作的若干意见》（教技〔2016〕3 号）、2016 年 10 月教育部办公厅印发的《促进高等学校科技成果转移转化行动计划》（教技厅函〔2016〕115 号），以及 2017 年 12 月教育部办公厅发布的《关于进一步推动高校落实科技成果转化政策相关事项的通知》（教技厅函〔2017〕139 号）。教育部"小三部曲"不仅为高校科技成果转化工作提供了纲领性指导，同时也对各省教育厅和各直属高校提出了明确的工作要求和推进时间表。

2019 年党的十九届四中全会之后，高校科技成果转化的改革力度进一步加大。2020 年 2 月教育部、国家知识产权局和科技部联合印发了《关于提升高等学校专利质量 促进转化运用的若干意见》（教科技〔2020〕1 号），着力扭转长期以来高校专利重数量、轻质量的现象；2020 年 5 月科技部等 9 部门启动赋予科研人员职务科技成果所有权或长期使用权试点，开始了科技界的"小岗村改革"；同月，科技部、教育部又下发了《关于进一步推进高等学校专业化技术转移机构建设发展的实施意见》（国科发区〔2020〕133 号），明确提出技术转移机构高质量建设、专业化发展的具体任务。三个文件的出台促进了科技成果转化的重大体制机制性改革和突破。由此可以看出，高校科技成果转化改革不断深化，政策出台的密集程度、措施的力度也前所未有。

科技体制改革持续发力的同时经济体制改革也在向纵深推进。党的十八届三中全会提出"使市场在资源配置中起决定性作用，更好发挥政府作用"，首次将市场在资源配置中的"基础性作用"修改为"决定性作用"，对市场的作用进行了全新定位。党的十九大报告明确指出经济体制改革必须以完善产权制度和要素市场化配置为重点。党的十九届四中全会提出推进要素市场制度建设，实现要素价格市场决定、流动自主有序、配置高效公平。

为落实党的十九大和十九届四中全会精神，2020 年 4 月中共中央、国务院发布《关于构建更加完善的要素市场化配置体制机制的意见》，对我国在新时代推进经济体制改革进行了重大部署，旨在深化要素市场化配置改革，促进要素自主有序流动，提高要素配置效率。技术要素市场是科技成果转化的主战场，针对我国技术要素市场面临的产权制度不完善、激励机制不健全、创新资源配置不合理、科技成果转化渠道不畅通等问题，文件中提出了健全职务科技成果产权制度、完善科技创新资源配置方式、培育发展技术转移机构和技术经理人、促进技术要素与资本要素融合发展等具体措施，着力激发技术供给侧活力，探索社会主义市场经济体制下技术、资本、人才、数据要素的融合机制。2020 年 5 月发布的《中共中央 国务院关于新时代加快完善社会主义市场经济体制的意见》中也明确提出加快全国技术交易平台建设，促进技术要素有序流动和价格合理形成，完善企事业单位人才流动机制，畅通人才跨所有制流动渠道等改革思路。2022 年 1 月，《要素市场化配置综合改革试点总体方案》出台，包括技术要素在内的要素市场化配置的改革试点正式拉开序幕。

无论是科技体制改革还是经济体制改革，对促进高校科技成果转化的重要意义在于破除阻碍要素自主有序流动的体制机制障碍，通过市场来引导创新资源有效配置，为解决当前高校科研活动与企业需求脱节、专业技术转移人才缺乏、融资渠道偏少、科技成果评估困难、国有资产管理制度不适应等问题提供制度保障。由此判断，在这样的改革背景和政策支持下，高校技术转移市场化运行已是大势所趋。

然而，任何改革都不是一朝一夕就能完成的，提高高校科技成果转化效率也不能一蹴而就。当前改革已经逐渐接近深水区，有必要及时对改革的过程进行回顾、梳理和总结，同时分析当前面临的问题，并对改革中可能出现的情况进行预判警示，为在更深层次、更高目标上推进科技成果转移转化的相关体制机制改革探索提供参考。

笔者对高校技术转移市场化运行的关注和思考由来已久。十年前，笔者曾针对高校科技成果转化由多个部门管理和责任边界不清晰的问题，建议对高校技术转移活动实施项目化管理，并引入项目管理中关于流程管理、风险管理等的一些方法和工具，研究成果《大学技术转移项目化管理及运行》一书已于2016年在科学出版社出版。在该书的写作过程中，笔者发现，要实行项目化管理，必须转变高校技术转移机构原有的行政职能，使其面向市场，实行企业化管理，并在人力资源配置、资金筹措以及激励机制设计等方面遵循市场经济的规律。在该书的展望部分，笔者希望有机会对大学技术转移市场化运行开展进一步的研究。

2019年笔者申报的"基于市场化运作的高校科技成果转化管理机制研究"得到中央高校基本科研业务费"哲学社会科学繁荣计划专项"（2019FR008）资助，使这项工作得以继续。如前所述，2015年以来，围绕科技成果转化的改革从重点突破到向纵深发展，无论是力度、速度还是深度，都前所未有，尤其是科技体制改革与经济体制改革同向发力，使改革的广度大大拓展。这对研究者来说既是机遇也是挑战，机遇在于变革总能给予人启示，激发人的思考；挑战在于改革所涉及的领域较多，对研究者的知识储备和宏观把握能力提出了更高的要求。面对这样一个具有强烈理论意义和实践意义的命题，笔者虽然深知自己能力有限，但在兴趣和责任的驱动下，尽己所能对改革的过程、现状和有待进一步探索和解决的问题做一个粗浅的整理和分析，并尝试性地提出自己的观点，也算是为高校技术转移事业尽自己的一点绵薄之力。因此本书与其说是研究成果，不如说是自己的学习和思考所得。

本书共分为七章，第一章主要界定本书所涉及的概念并构建全书的理论基础，对我国高校技术转移向市场化运行转变的发展过程进行系统梳理，分析当前的现状及面临的问题，并提出了高校技术转移市场化运行的总体思路。第二至第六章分别对高校技术转移机构、激励机制设计、科技成果评估、资金支持和职务科技成果国有资产管理等五个方面的市场化运行改革进行详细分析。第七章主要是结合笔者在前面各章写作过程中关于政府与市场关系的思考，对高校技术转移市场化运行改革中政府作用的发挥提出几点建议。无论是全书还是各章基本按照概念理论、改革历程、运行现状、问题及其思考的思路行文，尽可能做到结构清晰，既体现全书的整体性，各章又相对独立，方便读者根据需要选择性阅读。

　　由于笔者学识和能力有限，本书可能存在对政策理解不深入和认识不到位的地方，加之这几年文件密集出台，难免存在遗漏之处，敬请读者批评指正，不吝赐教。同时因为新冠疫情，近三年来与同行交流机会减少，可能对改革的实践进展掌握得不够全面，也请提出修改意见，笔者都乐于接受并心存感激。

　　创新永无止境，改革一直在路上，本书所呈现的内容皆为在改革进行当中的思考和探讨，随着科技体制改革和经济体制改革的不断推进，高校技术转移当前面临的困境都将得到解决，但随着改革的进一步深化也可能会出现新的问题和矛盾，但笔者坚信，我们正在经历一个改革的春天，也必将迎来一个收获的季节。

张　娟

2022 年 9 月

目　　录

自序

第一章　绪论 ……………………………………………………………… 1
　　一、相关概念与理论基础 ……………………………………………… 1
　　二、高校技术转移改革发展历程 ……………………………………… 10
　　三、高校技术转移面临的现实困境 …………………………………… 13
　　四、高校技术转移市场化运行的必然选择 …………………………… 18
　　五、高校技术转移市场化运行的总体思路 …………………………… 23

第二章　高校技术转移机构的市场化探索 ……………………………… 26
　　一、高校技术转移机构的发展历程 …………………………………… 26
　　二、高校技术转移机构的分类 ………………………………………… 30
　　三、高校技术转移机构的建设现状与挑战 …………………………… 33
　　四、高校技术转移机构市场化探索与实践 …………………………… 37
　　五、高校技术转移机构市场化发展建议 ……………………………… 44

第三章　高校技术转移市场化运行的激励机制 ………………………… 56
　　一、激励机制设计的基本原则 ………………………………………… 56
　　二、高校技术转移激励机制的框架及内容 …………………………… 58
　　三、健全高校技术转移激励机制的建议 ……………………………… 79

第四章　高校科技成果市场化评估 ……………………………………… 83
　　一、科技成果市场化评估的内涵 ……………………………………… 83
　　二、科技成果市场化评估的意义 ……………………………………… 84
　　三、我国科技成果评估发展历程及现状 ……………………………… 87
　　四、科技成果市场化评估的特点 ……………………………………… 94
　　五、科技成果市场化评估的内容 ……………………………………… 95

六、科技成果市场化评估方法 ······················· 103

七、对科技成果市场化评估的建议 ················· 114

第五章 高校技术转移市场化运行的资金支持 ····· 119

一、资金来源概述 ····································· 119

二、财政支持 ··· 120

三、创业风险投资 ····································· 124

四、资本市场 ··· 129

五、科技贷款 ··· 138

六、对高校技术转移资金支持的思考 ············· 142

第六章 市场化运作下的国有资产管理改革 ········· 147

一、相关概念与理论基础 ···························· 147

二、高校职务科技成果的资产属性及其特点 ······ 149

三、现行国有资产管理对高校技术转移市场化运行的影响 ···· 152

四、高校科技成果国有资产管理改革历程 ········· 156

五、高校职务科技成果混合所有制改革的探索 ···· 162

六、深化高校职务科技成果权属改革的思考 ······ 166

第七章 思考与建议 ································· 170

一、克服部门分割，强化政策的衔接与落实 ······ 170

二、弥补市场失灵，发挥好政府的调节作用 ······ 171

三、克服市场短视，加强战略创新资源储备 ······ 172

参考文献 ··· 174

第一章 绪 论

一、相关概念与理论基础

1. 概念界定

（1）高校科技成果

高校是高等学校的简称。根据举办方的性质，高校分为公立高校和民办高校，其中公立高校由中央政府或地方政府举办并由财政拨款；而民办高校是由企业事业组织、社会团体及其他社会组织和公民个人举办，利用的是非国家财政性教育经费。

关于科技成果的概念，既有广义的范畴，也有狭义的界定。根据《科技成果评价试点暂行办法》，"科技成果是指由组织或个人完成的各类科学技术项目所产生的具有一定学术价值或应用价值，具备科学性、创造性、先进性等属性的新发现、新理论、新方法、新技术、新产品、新品种和新工艺等"。这里所指的科技成果比较宽泛，包括技术开发类应用技术成果、社会公益类应用技术成果、软科学研究成果三种类型，因为该文件主要用于指导评价，其对象既包括了实用性的技术产品成果，也涵盖了理论、方法等学术成果。《中华人民共和国促进科技成果转化法》（2015 年修订）里所称的科技成果更突出实用性，是"指通过科学研究与技术开发所产生的具有实用价值的成果"，强调了可以转化为生产力的特性。

本书讨论的高校科技成果，仅限我国公立高校里由财政资助产生的科技成果。一是符合《中华人民共和国促进科技成果转化法》（2015 年修订）对科技成果的界定，属于硬科技，不包括软科学研究成果，而且强调成果的应用性，是具有实用价值的新技术、新工艺、新材料、新设计、新产品等，可以独立应用，也可以是大型设备的局部创新或改进。二是产生于我国公立高校，是高校科研人员为执行本单位任务或者主要利用本单位物质技术条件完成的研发成果，在任务来源或者科研条件方面主要来自财政拨款，即《中华人民共和国促进科技成果转化法》第2条所指的职务科技成果。由于本书探讨市场经济条件下的高校科技成果转化，社会公益类和国家定向推广的应用技术成果因其特殊性暂不在研究范围内。

（2）技术转移与科技成果转化

技术转移与科技成果转化是科技创新活动中经常用到的两个概念。在我国的政策语境下，曾在较长时期内较多地采用"科技成果转化"的表述。根据《中华人民共和国促进科技成果转化法》（2015年修订），科技成果转化指的是"为提高生产力水平而对科技成果所进行的后续试验、开发、应用、推广直至形成新技术、新工艺、新材料、新产品，发展新产业等活动"。

西方国家常采用 technology transfer，翻译成中文时通常被译为"技术转移"，因此国内学者们研究国外科技创新与技术产业化时普遍使用"技术转移"而非"科技成果转化"。近年来，我国逐渐与国际接轨，也开始采用"技术转移"的表述。根据中华人民共和国国家标准《技术转移服务规范》（GB/T 34670—2017），"技术转移是指制造某种产品、应用某种工艺或提供某种服务的系统知识，通过各种途径从技术供给方向技术需求方转移的过程"。《国家技术转移体系建设方案》是国务院为了落实《中华人民共和国促进科技成果转化法》（2015年修订）印发的，文件中将国家技术转移体系定义为：促进科技成果持续产生，推动科技成果扩散、流动、共享、应用并实现经济与社会价值的生态系统。

文字表述的不同带来了对两个概念理解和认知上的差异。有一些学者专门就技术转移和科技成果转化的区别和联系进行过详细的阐释和分析（梁正，2019；吴寿仁，2018a）。本书不再对此进行深入讨论。本书认为，技术转移强调成果在不同组织之间的转移，并伴随成果形态的变化；而科技成果转化更强调形态的变化，成果是否在不同组织之间发生转移并不是必要条件，既可以是自己内部进行转化，如企业自己研发、生产；也可以随着成果形态变化，从一个组织转移到另一个组织。对于高校来说，既有科技成果从高校转移到企业的空间位置变化，也有科技成果由技术资料变为商品、产品的形态变化，因此，技术转移和科技成果转化两种表述对研究高校科技成果转化为生产力的过程都适用。

由于技术转移和科技成果转化都是对应创新链上科技与经济结合的环节，目前将两个概念合起来称为"科技成果转移转化"的情况也比较常见。《国务院办公厅关于印发促进科技成果转移转化行动方案的通知》（国办发〔2016〕28 号）、《教育部 科技部关于加强高等学校科技成果转移转化工作的若干意见》（教技〔2016〕3 号）、教育部办公厅印发的《促进高等学校科技成果转移转化行动计划》（教技厅函〔2016〕115 号）等文件就采用的是这种表述方式。因此，本书不对技术转移和科技成果转化做特殊区分，仅根据不同的语境和用词习惯采用合适的表述。

（3）市场化

市场化是按照市场经济规律进行资源配置的一种状态。除了表示状态外，"化"字还有变化和改革的意思，即资源配置方式由原来的政府分配向由市场调节转变。市场经济规律是由市场机制所决定的，而市场机制主要包括价格机制、供求机制和竞争机制。

价格机制是指在市场竞争过程中，某种商品价格的变动与市场上该商品供求关系变动之间的有机联系。值得注意的是，商品价格虽然反映了商品的价值，但由于价格受供求关系的影响，市场价格作为商品价值的转化形态和实现形式始终处于一种运动状态，会围绕价值上下波动，甚至可能与价值产生一定的背离。

供求机制是指通过商品、人力及各种资源的供给和需求的矛盾运动来影响各种生产要素组合的一种机制。它通过供给与需求之间在不平衡状态时形成的市场价格、市场供给量和需求量等市场信号来调节社会生产和需求，最终实现供求之间的基本平衡。

竞争机制是指在市场经济中，各个经济行为主体之间为了自身利益而相互展开竞争，按照优胜劣汰的法则来调节市场运行的内在关系。竞争机制能够激发市场主体的活力和经济发展的动力，促进生产，推动科技创新。

价格、供求、竞争三个机制相互作用，相互影响。供求关系受价格和竞争等因素的影响，反过来供求关系的变化又导致价格变动，价格变动引发竞争，竞争又引起新的供求变化。如此形成了"供求—价格—竞争"三个机制互相制约、互为条件的一种循环过程。

当技术的商品属性被确立起来，并被赋予流通性和交易有偿性之后，技术就成了由市场来配置的资源，技术转移活动也由市场来调控。技术供需双方通过市场规则进行交易，技术在市场中优胜劣汰，技术相关人员的收益与技术转移效益联系更加紧密（董亮等，2015）。显然，过去由政府主导的资源分配方式与此不相适应。技术转移市场化的本质就是要改变过去由政府主导的资源配置方式，而使市场在资源配置中发挥决定性作用，通过价格机制、供求机制和竞争机制使市场达到一种动态平衡，从而实现技术、人才、资金、信息等多种资源的有效配置和合理利用。

与此同时，科技成果又具有与普通商品不同的特点，其服务性、参与性、专业性更加突出，通过单纯的市场买卖并不能达到理想的效果。因此既要构建符合科技成果特点的专业化市场，提供专业化的技术服务；又要能够充分体现市场本质上统一开放的要求，构建信息、资源、人才等流动更加畅通的技术交易市场（陈宝明，2016）。本书认为高校技术转移市场化运行需在重新审视和处理政府与市场关系的基础上，重点在技术转移机构市场化、利益分配和激励手段市场化、技术成果评估和价格形成机制市场化、资金筹措和融资渠道市场化，以及加快高校科技成果权属制度改革等方面持续推进。

2. 理论基础

由于高校是事业单位，高校的科技成果属于公共资源，科技成果转化涉及多个主体、多种资源要素，可以从技术转移理论、资源配置理论、新公共管理理论等方面，构建高校技术转移市场化改革的理论基础。

（1）技术转移理论

技术转移是一种融科技创新活动、经济活动、管理活动为一体的综合性活动。第一，技术转移是一种科技创新活动，是将更先进的技术或产品提供给需求方；第二，技术转移是一种经济活动，其目的是实现技术成果的商业化和产业化；第三，技术转移是一种管理活动，涉及技术供给方、需求方、金融机构等多个主体，需要对技术、人才、资金、政策、信息等多种资源进行合理配置，以达到将科技成果转化为生产力的目标。

技术转移或科技成果转化具有以下特征：第一，专业性强。技术转移活动横跨科技、经济、管理等多个领域，覆盖技术成果从实验室到产业化的全过程，流程长、环节多，需同时遵循科技创新与经济活动的内在规律。第二，创新性强。技术转移是一种智力密集、附加值高的富有开创性和挑战性的活动，创新性体现在每一次技术转移面对的技术成果、供需双方、投融资模式都是崭新和独特的，需要具体问题具体分析。第三，风险性高。风险主要来自技术开发的未知性和市场的不确定性，同时技术转移涉及的主体多且有不同的利益诉求，涉及的要素多，任何一个要素缺位或不足都会影响转移转化的效果（张娟等，2020）。

技术转移是一项复杂的横跨经济与技术领域的活动，涉及的主体较多，主要包括科研系统、产业系统、金融系统、中介系统以及政策与环境系统五大部分，见图 1-1。

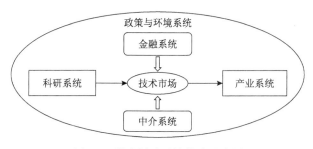

图 1-1 技术转移系统构成示意图

对于高校技术转移来说，科研系统是指高校；产业系统是指作为技术需求方的企业；金融系统是指可以为科技成果转化提供资金支持的部门，主要包含政府、金融机构、创业风险投资机构、股票市场、债券市场等；中介系统是指促进技术转移的第三方服务机构，包括技术转移机构、科技成果评估机构，也包括为技术转移提供知识产权等法律咨询服务的机构；政策与环境系统是指支持科技成果转化的政策制度、法律法规、市场环境、创新氛围等。

《中华人民共和国促进科技成果转化法》（2015 年修订）里提到的科技成果转化方式主要包括 6 种方式：自行投资实施转化；向他人转让科技成果；许可他人使用科技成果；以科技成果作为合作条件与他人共同实施转化；以科技成果作价投资，折算股份或者出资比例；以及其他协商确定的方式等。这里所指的科技成果持有者除了高校外，还包括企业、个人、科研机构等。对于高校，其因为事业单位属性，不具备实施商品化的生产条件，则主要采取转让、许可或者作价投资等方式，向企业转移科技成果，由企业实施产业化。

《中国科技成果转化年度报告（高等院校与科研院所篇）》里每年统计的数据，除转让、许可或者作价投资外，还包括技术开发、技术咨询、技术服务。但本书认为，技术开发、技术咨询、技术服务由于不是将已有科技成果从高校转移转化至经济领域，而是高校科研人员利用自己的知识、智慧通过产学研合作等形式来帮助企业产出科技成果，因此不在本书研究范围内，本书仅对技术许可、技术转让和作价投资这三种方式进行讨论。

1）技术许可

技术许可是知识产权所有人在一定期限、一定区域内，以一定的方式将自己持有的技术成果许可给他人使用，并收取使用费用。许可方式包括独占许可、排他许可和普通许可等。其中，独占许可是技术成果知识产权被许可方独自拥有后，在特定期限、特定地区对知识产权的使用权，知识产权所有人不得在该地区使用该技术制造和销售商品，更不能再许可给该地区的任何第三方。排他许可与独占许可的不同之处在于，许可方和被许可方都可以利用该技术进行商品的生产和销售，但许可方不能再许可给第三方。普通许可的范围则进一步扩大，除了许可方和被许可方都拥有该技术的生产、销售等使用权外，许可方还可以将技术成果的知识产权许可给第三方。

技术许可操作起来相对简便，因为许可的是成果使用权，不涉及职务科技成果作为国有资产所有权的转移问题。通过许可的方式取得的对价是现金，既可以一次性交付，也可约定门槛费和提成费，被许可方先期支付一笔许可费用，后期成果持有方还可以根据收益情况获得一定比例的提成费。但技术许可对知识产权保护的要求较高，高校和成果发明人最好申请专利加以保护，以防止侵权。

2）技术转让

技术转让是将技术成果转让给受让方，由受让方持有并使用，因为技术成果的所有权从转让方转移到了受让方，受让方成为技术成果的所有人，除非受让方再反过来许可给转让方，否则转让方不能实施或使用该技术。对高校来说，技术转让虽然可以一次性获得收益，但如果受让方因经营管理不善导致产业化失败，高校和发明人则不能再通过别的方式对该技术成果进行转化，可能造成技术成果的流失和浪费。因此，高校应慎重选择转让对象。技术转让交易界面清晰，可以使高校一次性获得收益，但涉及国有资产交易，程序比较复杂。由于所有权已经转移至受让方，高校如果再从事与该技术有关的研发和技术转移活动，可能会引发侵权纠纷。

3）作价投资

作价投资是通过将科技成果评估作价，折算成股权或出资比例，入股到实施成果转化的企业，既可以是投资新成立的公司，也可以是增资已有的企业。科技成果入股后，技术所有方获得股权并成为股东，参与企业管理经营，共担风险、共享收益。这种方式有利于技术供需双方的利益绑定，也能够增强投资者的信心。但由于涉及国有资产交易，作价投资操作起来相对更复杂，教育部规定高校应成立专门的资产管理公司来代持学校的股份，高校需要把股权划转给全资的资产管理公司，同时为了能够充分享受税收优惠政策，需要经历工商注册、股权划转到资产管理公司及奖励科研人员、工商变更等一系列流程。作价投资可能在短期内无法获得收益，但是一旦科技成果产业化取得成功，学校作为股东将获得丰厚的经济回报。

通常来说，一项科技成果采用不同的转移转化方式会产生不同的效果，取得的收益也有较大区别。技术许可、技术转让和作价投资这三种方式各有特点，应坚持"具体情况具体分析"的原则，根据科技成果的性质、技术难度、转化所需要投入的资源等实际情况来选择合适的转化方式。

（2）资源配置理论

经济学理论指出，市场经济条件下各类要素资源都应按照市场法则来进行整合、配置和运行，才能使有限的资源最大程度地发挥其价值。价格机制、供求机制和竞争机制在资源配置中起决定性作用，应通过价格、供求、竞争的变化和相互作用，按照双向选择、平等竞争、择优结合的原则，支持经济行为主体以效用最大化为目标进行理性选择和行为活动，从而自发地引导资源流动和重组，以实现价值最大化。

高校技术转移是为推动科技进步、促进社会经济发展而进行的一种要素资源配置和利用的活动。科技成果作为一种技术要素，在转化的过程中与人才、资金、信息等要素资源相结合，也应遵循市场经济规律，引导高校科技资源自发地向实现更大价值和市场回报的科技资源配置主体流动，同时使各种市场资金自发地流向产值高、风险小的科技创新主体，从而实现对上述相关资源进行优化组合和合理配置的目的，以促进各类资源的高效利用，使其增值效益最优。

高校科技资源市场化配置过程可以体现市场经济的以下特征：第一，平等性，参与科技成果转化的各市场主体是平等的，可以自主决策、等价交换、公平竞争。第二，竞争性，是指鼓励和保护各种主体参与公平竞争，通过竞争创造一个良好的市场环境，以促进相关要素的流动，提高资源配置的效率，而一切行政封闭、行业垄断、不正当竞争都有损市场效率。第三，法制性，即在高校技术转移市场化的实施过程中，国家、政府和社会依据科技创新活动的规律以及知识产权保护、职务科技成果权属规定等法律规章制定相关的政策框架，对科技资源配置加以规范和引导。各参与者必须懂法、守法，既保证自己的行为符合法律规范，也能用法律维护自己的合法权益。第四，开放性，即科技成果、科研人员能够突破各种障碍，在高校系统、产业系统、社会系统中自由流动，进行资源的交换（张宝生和张庆普，2015）。

发挥市场在高校技术转移资源配置中的作用有几个前提条件：一是技术转移过程中涉及的各类资源产权明晰；二是具有各类资源自由流动的环境；三是能够提供规范的科技成果交易平台和场所、完善的交易规则和服务规范，且监管体系健全；四是资源多元化，可为参与技术转移的各类市场主体提供多种选择；五是资源要素的价格机制符合市场经济规律，如科技成果的价格应是研发成本、市场前景、供求关系、竞争优势的综合体现。

（3）新公共管理理论

20 世纪八九十年代，随着我国市场经济的发展和私营机构管理实践活动的不断展开，人们越来越发现传统行政模式及其在公共部门管理中存在缺陷，普遍认为人事制度方面的管理僵化和对组织效率的漠不关心是造成行政管理效能低下的主要原因。于是一种旨在替代传统行政管理模式的新公共管理开始出现。与行政管理听从命令不同，新公共管理理论认为公共部门应该借鉴企业的管理方式，明确绩效目标，注重结果导向，建立激励机制和责任机制，引入市场竞争，将部分公共物品或服务交给市场，以追求管理的经济、效率和效能。

新公共管理的内涵和特征包括以下几个方面：①强调职业化管理；②明确的绩效标准与绩效评估；③项目预算与战略管理；④提供回应性服务；⑤公共服务

机构的分散化和小型化；⑥竞争机制的引入；⑦采用私人部门管理方式；⑧管理者与政治家、公众关系的改变。由此可以看出，新公共管理理论突破了传统公共行政管理的学科边界，将西方经济学、工商管理学等学科的理论、原则、方法等融入公共部门管理的研究中，建立起一个更加全面、综合的知识框架（陈振明，2000）。

新公共管理理论对传统官僚制的批评自然波及高校管理，因为不少人认为高校的管理在一定程度上具有传统官僚制下公共部门的通病，如按照政府部门的行政指令行事，工作原则是避免犯错误而非注重管理实际效果；各职能部门追求经费开支预算最大化而非资源的合理配置；高校依赖稳定的国家资源而缺乏竞争意识；等等。随着高校管理自主权的下放，为提高管理效率和经济效益，高校传统管理模式正在发生改变，比如更加注重成本核算、人力资源等方面的专业化管理，并在后勤、图书文献服务、体育设施等方面引入市场化运营。高校部分管理和服务的市场化主张是新公共管理在高校管理领域的思想延伸。从宏观层面看，应该重新调整政府对高校的管理方式，从过去的直接管理或干预变为间接调控，如引入竞争、开展第三方评估、加强社会监督等，高校的管理运作应从过去只听从政府指令转为接受政府指导和以市场为导向，积极回应市场需求（朱新涛，2007）；从微观层面看，加强高校内部管理的自主决策意识和责任意识，强化关于投入产出或成本效益的经营意识，在经费来源上广开渠道，充分挖掘市场潜力，增强营销意识和竞争意识，将专项工作委托给专业机构以提高服务质量或降低成本。

随着高校越来越表现出它在推动社会经济进步中的地位和作用，在新公共管理理论的支持下，为更好发挥高校社会服务功能，高校也积极作出回应，推动内部组织结构变革和专业化发展。一方面，高校在组织结构方面增加了新的职能部门和机构，如技术转移中心、科技园、知识产权办公室、工程技术中心等；另一方面，这些组织的外部环境也被重新设计，包括资源的竞争性输入方式、与高校之间的支配与依赖关系、按照市场规则运作或经营等。随之带来的内部变化是：组织的目标和任务由长期统一的、稳定的目标变为面向市场的、明确的任务；人员组成原则趋向于精简和高效，更具有参与意识和责任意识；以物质刺激为主要激励手段，改变过去那种平均主义的分配观念；等等。

二、高校技术转移改革发展历程

推进市场化改革是我国科技成果转化政策的主线。通过对改革开放以来我国科技成果转化重要事件的梳理，并参考、借鉴吴寿仁和梁正两位学者对我国改革开放以来科技成果转化政策演变沿革的分析（吴寿仁，2018b；梁正，2019），根据不同时期有关市场化改革的政策要点，将 1978 年至今我国科技成果转化发展历程大体划分为四个阶段。由于科技成果主要是从高校和科研院所向企业转化，对这四个阶段政策的梳理也反映出高校技术转移向市场化运行转变的政策支持。

1. 起步发展期（1978—1988 年）

改革开放后，随着国家战略重点向经济建设方向的转移，社会各界对科学技术在国民经济和社会发展中的重要性形成了广泛的共识，科技工作的方针和政策也开始向经济建设方向调整。1978 年 3 月，全国科学大会上提出了科技工作的十项具体任务，其中一项就是加强科学技术成果和新技术的推广应用。1980 年 10 月，国务院颁布的《关于开展和保护社会主义竞争的暂行规定》中首次肯定了技术的商品属性。1982 年，中央提出"经济建设必须依靠科学技术，科学技术工作必须面向经济建设"的战略指导方针（简称"依靠、面向"方针），在这一方针指引下，国务院成立了科技领导小组，从宏观和战略层面统领全国科技工作，对科研机构管理制度进行了改革探索。1984 年，国务院做出了"加大技术成果商品化，开放技术市场"的决定，并由国家科学技术委员会（简称国家科委）牵头有关工作。1985 年，中共中央发布《关于科学技术体制改革的决定》，明确指出，要以市场经济体制为基础，把"开拓技术市场，实行科技成果商品化"作为科技体制改革的核心措施之一。1986 年全国技术市场协调指导小组发布了《技术市场管理暂行办法》，并于 1988 年设立了技术市场管理办公室来负责全国技术市场管理工作。这一时期，国家还采取了一系列政策举措，包括建立科技成果管理体系、恢复建立农业技术推广体系、支持科技人员合理流动和兼职取酬，相继设立星火计划、火炬计划、国家新产品试产计划等多项科技计划，出台技术转让相关的税收优惠与奖励政策等，目的是用市场而非计划手段来解决科技、经济"两张皮"的问题。其成效也非常明显，掀起了科技人员"下海"热潮，创办了一大批民营科技企业，出现了中关村"电子一条街"、武汉东湖"科技一条街"等科技企业聚集地。这一阶段，我国科技成果转化事业仍处于科技成果应用推广的层面，主要是通过科技体制改革来解放生产力，加速科技成果向现实生产力转化。

2. 全面深化期（1989—1999 年）

1989 年我国开始试行国家科技成果重点推广计划，其目的是通过推广先进、成熟、适用的科技成果，重点解决工农业生产，以及高新技术产业、新兴产业发展中存在的重点、难点、热点问题。1991 年，由国家科委组织实施的国家工程技术研究中心计划和国家计委负责组织实施的国家工程研究中心计划相继启动，主要任务都是对科研成果进行系统化、工程化的研究开发，并开展国外引进技术的转移转化。1992 年 5 月，"产学研联合开发工程"开始实施。1993 年 4 月，国家科委在南京召开第一次生产力促进中心工作会议，生产力促进中心主要承担面向中小企业的先进技术推广、产学研联合等职能。

1993 年，《中华人民共和国科学技术进步法》颁布实施，"依靠、面向"方针上升为法律。1995 年，国务院作出《关于加速科学技术进步的决定》，提出"科教兴国"战略。1996 年，《中华人民共和国促进科技成果转化法》颁布实施，确立了科技成果转化的管理制度、实施方式、激励机制，对推动科技成果转化为现实生产力，解决科技、经济"两张皮"问题，作出了基础性制度安排。为了贯彻落实《中华人民共和国促进科技成果转化法》，1999 年，国务院办公厅转发了科技部、教育部、人事部、财政部、中国人民银行、国家税务总局、国家工商行政管理总局七部委制定的《关于促进科技成果转化的若干规定》。

这一时期主要延续了之前的政策思路，但范围更广、力度更大，具体举措包括大力发展科技孵化器、生产力促进中心等科技中介机构，大力发展高新区等科技园区，实施相关专项计划，如国家科技成果重点推广计划、国家工程技术研究中心计划、国家工程研究中心计划、产学研合作计划等，其成效是高新区、大学科技园区、校办企业蓬勃发展，企业的技术创新意识明显增强，创新活动明显增多，在国家大量政策的引导下，整个国家的创新氛围得到大大增强，技术要素市场化程度大幅提高，技术市场交易规模不断扩大。

3. 加速发展期（2000—2011 年）

2000 年 4 月，科技部等 12 部门发布《关于深化科研机构管理体制改革的实施意见》，对不同类型、分属不同部门的科研机构实行分类改革，其目的是以科技成果转化和产业化为核心，推动科研机构企业化改制。2001 年国家经济贸易委员会、教育部发布了《关于在部分高等学校建立国家技术转移中心的通知》，认定清华大学等 6 所大学的技术转移机构为国家技术转移中心。2002 年，科技部办公厅发布《关于进一步扩大科技成果鉴定改革试点的通知》，提出了科技成果鉴定应以市场需求为导向，为科技成果转化应用服务。2003 年 5 月，科技部、教育部、中国科学院、中国工程院、国家自然科学基金委员会联合印发的《关于改进科学技术评价工作的决定》和 9 月科技部颁布的《科学技术评价办法（试行）》，都提到应对科研成果进行分类评价，其中应用技术成果的技术指标、投入产出比和潜在市场经济价值等应作为评价的重要参考指标。2006 年全国科学技术大会召开，《国家中长期科学和技术发展规划纲要（2006—2020 年）》及配套政策颁布，将提升自主创新能力、建设国家创新体系上升为国家战略。2009 年科技成果评价试点启动，目的是试行市场化评价。2011 年 8 月，《国家科技成果转化引导基金管理暂行办法》和《创业投资基金暂行管理办法》先后出台，助推科技成果转化的风险投资事业有序规范发展。这一阶段，以企业为主体、利用市场机制推动产学研合作成为主导政策逻辑，对科技产业化项目的财政、税收、金融扶持的政策相继出台，推动了科技与金融结合，基于市场化交易的技术转让、许可、投资渐趋主流。

4. 重点突破期（2012 年至今）

2012 年 9 月，中共中央、国务院发布《关于深化科技体制改革加快国家创新体系建设的意见》，提出技术开发类科研机构要建立市场导向的技术创新机制，高校要建立与产业、区域经济紧密结合的成果转化机制，鼓励支持高等学校教师转化和推广科研成果。2014 年，二期科技成果评价试点启动，开始全面试行科技成果市场化评价。2016 年国务院取消了政府部门组织的科技成果鉴定，我国开始探索建立以市场为导向的科技成果评价机制。2016 年国务院办公厅印发《促进科技成果转移转化行动方案》，基本原则的第一条就明确提出"市场导向"，要求发挥市场在配置科技创新资源中的决定性作用。教育部制定的《促进高等学校科技成果转移转化行动计划》也将"发挥市场作用""完善科技成果转移转化市场需求导向"等作为基本原则,科技成果转化的市场化改革速度开始加快。2017年国务院出台《国家技术转移体系建设方案》,基本原则的第一条即"市场主导,政府推动",明确指出"发挥市场在促进技术转移中的决定性作用,强化市场加快科学技术渗透扩散、促进创新要素优化配置等功能",并将"发展技术市场""完善市场化定价机制""引导技术转移机构市场化、规范化发展"等作为国家技术转移体系基础架构优化的重点建设内容。同年,《教育部办公厅关于进一步推动高校落实科技成果转化政策相关事项的通知》明确提出完善市场运营体系,通过委托第三方机构或整合、重组校内市场化运营机构从事科技成果转化工作,探索实行技术经理人市场化聘用制。2019年财政部公布了《关于修改〈事业单位国有资产管理暂行办法〉的决定》(财政部令第100号),确定了科技成果市场化定价机制。2020年科技部、教育部印发的《关于进一步推进高等学校专业化技术转移机构建设发展的实施意见》中把"制定市场化的运行机制"作为一项重点任务。2021年8月,国务院办公厅印发了《关于完善科技成果评价机制的指导意见》(国办发〔2021〕26号),在主要工作举措中明确提出要"大力发展科技成果市场化评价"。由此可以看出,这一时期,从科技成果市场化评价试点到确定市场化定价机制,从引导高校技术转移机构市场化发展到制定市场化运行机制,以及从《中华人民共和国促进科技成果转化法》修正后将所有权、处置权、收益权下放至高校,到2020年科技部等9部门出台《赋予科研人员职务科技成果所有权或长期使用权试点实施方案》,各项改革措施得到加速实施,相关政策密集出台,主要目的是清除科技成果转化市场化运行的制度障碍,为高校技术转移市场化改革提供政策保障。

三、高校技术转移面临的现实困境

随着我国促进科技成果转移转化工作系列政策法规的逐步落实,高校开展科技成果转化的积极性明显提高,转化活动日趋活跃,取得了显著成效。根据

2018—2021 年的《中国科技成果转化年度报告（高等院校与科研院所篇）》，我国高校院所的科技成果转化整体呈现科技成果转化合同数和合同金额持续上升的趋势，说明我国近年来的系列相关改革任务部署在推动科技成果转化工作方面取得了一定效果。但由于高校的事业单位性质和高校职务科技成果的特殊性，市场化改革进展比较缓慢，高校科技成果转移转化工作仍存在以下不足和挑战。

1. 专业化的技术转移机构和人员明显不足

目前我国高校普遍缺乏专业化、市场化的技术经纪机构或运营机构。大部分高校科技成果转化机构仍为内设的行政职能部门，规模小、资金缺乏、市场意识和服务意识淡薄，主要行使管理职能，如科技成果登记、办理国资审批程序、专利申请维护等，在成果转化过程中往往担任配角，协助成果完成人办理相关手续，尚未形成清晰、简明、高效的科技成果转化流程。根据《中国科技成果转化年度报告 2021（高等院校与科研院所篇）》显示的数据，参与统计的 1433 家高校中，有 562 家自建了技术转移机构，占比仅为 39.2%。

不少高校从事技术转移的人员没有经过科技成果转化或知识产权运营的系统培训，或不能从技术角度掌握科技成果的具体情况，或不了解市场和企业的需求，难以提供有针对性的专业服务。根据《2021 年全国技术市场统计年度报告》的统计数据，2020 年，参与调查的 409 家国家技术转移机构共有从业人员 62 183 人，其中获得技术经纪人资格的有 4496 人，仅占总人数的 7.2%，可想而知，高校技术转移机构的情况也不容乐观。

有的高校虽然已经成立了专门从事科技成果转化的企业法人实体，但同样被纳入国资监管体系，工资、劳务方面需参照学校标准，很难真正建立起完全市场化的薪酬与激励体系。受用人机制和激励机制的限制，我国高校科技成果转化机构难以招揽到懂技术、懂市场的复合型高端人才。技术转移人才队伍规模小、不稳定，专业能力不强，即使在客观上有努力推进科技成果转化实施的愿望，有时也会因为经验不足、能力有限，无法胜任科技成果转化工作，导致职务成果完成人和承接转化的企业对其信任度降低。

2. 科技成果转化的引导和激励机制不健全

在现行管理体制下，政府对高校的各种绩效评估结果在很大程度上决定了高校的声誉和可获得的资源，对高校的生存和发展起着决定性作用。当前对高校的各类评估主要关注高水平论文、国家级项目、获得的科研经费、专利授权量等指标，而对科技成果转化业绩体现不足。以学科评估为例，主要从人才培养质量、师资队伍与资源、科学研究水平、社会服务与学科声誉四个方面开展评价。其中，在与实际应用联系最为紧密的工科评价体系中，与科技成果转化相关的指标仅体现在"社会服务与贡献"二级指标中，通过参评学科提供的在社会服务方面的主要贡献及典型案例来进行评估。政府对高校的评估必然转化为高校对教师的考核，项目、经费、获奖和论文是考核的重点，直接关系到教师的绩效奖励、聘期考核和职称晋升。因为科技成果转化周期长、投入大、风险高，成功率低，具有滞后性、社会贡献难以计量等特点，所以大部分教师更愿意将精力投入到论文、项目、获奖等方面，对科技成果转化的积极性不高。尽管有科研人员愿意将自己完成的科研成果进行转化，但由于高校科技信息披露制度不健全、信息透明度低、信息共享机制缺乏，社会和企业难以及时准确地获得技术信息，致使一些科技成果变成了科技"陈"果。也有一些高校科研人员自己创办衍生企业，但因为不熟悉企业运营管理，或缺乏资金，最终以失败告终，这种现象也比较常见。

近年来，为激发科研人员参与科技成果转化的积极性，对成果完成人的奖励比例不断提高，在一定程度上调动和激发了科研人员的转化意愿，但由于职务科技成果的国有资产属性，需要办理一系列相关手续，如果以作价投资方式实施转化，对科研人员的股权奖励操作程序更为复杂，奖励能否兑现也存在不确定性，难免使科研人员心存隐忧。

3. 满足市场需求的高质量科技成果不多

目前，我国科技成果在数量上已处于世界领先位次。根据世界知识产权组织发布的数据，2021 年，我国申请人通过《专利合作条约》（PCT）途径提交的国际专利申请达 6.95 万件，连续第三年位居申请量排行榜第一，有 19 所高校进入全球教育机构 PCT 国际专利申请人排行榜前 50 位，为上榜高校数量最多的国家

（中国政府网，2022）。

但是，我国的科技投入由于长期沿用计划经济方式，形成了以财政投入为主体的科研经费资助机制。高校以承接国家委派研究任务为主，由政府确定研究课题、拨付研究经费，高校科研人员在选题时更多考虑的是研究兴趣或项目本身的要求，而不是产业化的技术需求或市场变化的趋势。同时，在过去很长时间，因为专利申请量是衡量科研水平的一个重要指标，不少高校科研人员申请专利也仅是为了结题验收、申报评奖、评聘职称、完成工作量等，因此产生了一些没有实用价值的专利和科技成果。这种盲目追求专利数量而忽视专利质量的做法，不仅在申请专利过程中耗费了大量的人力、财力，而且很多成果或因为没有商业价值，或因为仅在理想化的实验环境中研发而成，成熟度不高，很难适应大规模生产的工艺、技术、成本和环境要求，而被束之高阁，造成科研资源的巨大浪费。因此尽管我国专利数量大，但因为许多高校科技成果与市场脱轨，所以真正能满足企业需求、获得市场认可的具有转化价值的科技成果并不多，这也是造成我国高校科技成果转化率低的一个主要原因。

而且，我国对科技成果的评估在很长一段时间都由政府主导，采取科技管理部门组织成果鉴定或资产管理部门委托专业机构开展国有资产评估的方式，主要对科技成果的创新性、先进性或资产价值进行评价，而科技成果商业化的市场前景、市场竞争力、接产配套要求、市场风险等关键因素对科技成果价值的影响没有得到充分体现。但企业更看重的是科技成果的商业应用价值，因此评估结果在转化成果的选择、营销、谈判等方面的参考意义不大。

这种由政府主导的科技事业经费提供机制和科技成果评价方式，社会各方参与度低，使得科技成果的评价和选择不能建立在科学论证和遵循市场规则的基础上，造成专利数量多而高质量科技成果不足的现象，也不利于将有限的资源配置到有价值的高质量科技成果上。

4. 高校科技成果转化的融资渠道有限

科技成果转化需要大量的资金，从实验室研发到中试再到试产、产业化批量生产，所需的资金成倍增加。我国科技成果转化早期资金过于依赖财税政策，但仅仅通过申请获得政府立项资助或依靠学校出资的资金获取方式只是杯水车薪，不仅资助的项目数量有限，经费也远远不能满足需求。各类金融资本对高校科技成果转化进行投资的意愿也不强，一方面是因为高校科技成果大多仅通过了实验室验证，成熟度较低，面临较高的技术风险、市场风险，以及知识产权保护方面的法律风险，甚至可能因信息不对称存在欺骗、隐瞒等道德风险，加大了实施转化的不确定性；另一方面由于科技成果轻资产、早期不盈利、信贷风险转移难等特点以及其国有资产属性，知识产权质押、银行贷款、科技保险等融资方式面临价值识别难、质押登记难、资产处置难等问题，缺乏满足初创企业投融资需求的机制设计，导致各类金融资本主动服务成果转化的动力不足，加之银行的经营理念、经营方式和业务范围没有及时更新，风险控制、资信评估能力尚不具备承接风险较大的科技贷款的能力，以高校科技成果转化为基础的初创的科技型企业普遍面临银行"惜贷"的困境（苏竣，2021）。

近年来我国多层次资本市场不断完善，为处于生命周期不同阶段的企业提供了多样化的金融工具，丰富了企业的融资选择，但由于科技型初创企业一般规模较小，很难达到主板和中小板市场对上市企业盈利和规模的要求；创业板市场虽然门槛有所降低，为那些具有较好的内在潜质和较大发展空间的科技型中小企业提供了获得融资的机会，但运作要求非常严格，交易规则也不够简化，过高的上市成本和交易费用在一定程度上阻碍了初创企业进入资本市场，限制了其发挥为科技型初创企业提供融资支持的功能（曹荣，2019）。融资难、渠道少依然是高校科技成果转化面临的普遍问题。

5. 国有资产管理责任的顾虑依然存在

高校的科技成果大多是职务成果，受到国家财政资助，属于国有资产。国有资产管理政策性强，有严格的管理审批程序。为了避免任何形式的国有资产流失，高校在进行科技成果转化时面临层层审批，使得转化过程复杂烦琐，周期较长，导致一些项目停滞甚至开展不下去，严重消耗成果完成人和企业的耐心；一些好的技术成果时效性强，过了市场窗口期，经济价值就大打折扣，与快速的市场化进程相矛盾，严重影响了科技成果转化的效率。

为了简化和缩短科技成果实施转化的审批流程，国家和地方政府都制定了相关政策，将科技成果使用、处置、收益三种权力下放给高校，为高校科技成果转化活动松绑，出台的各项法律法规和制度政策对高校科技成果转化的支持力度也越来越大。但高校科技成果是一类特殊的国有资产，在将相关权力下放给高校的同时，高校也必须承担起原先由政府部门承担的国有资产监管职责，如加强内部控制管理、制定具体的流程和管理细则等，实际上是给高校提出了更高的要求和挑战。利用科技成果创业是一项高风险活动，如果经营亏损或失败，势必会对国有资产造成损失，但目前相关实施细则和配套体系并没有同步跟上，许多规定过于原则化，政策对于相关免责条款的解释也较为模糊，影响了科技成果转化的实际可操作性。另外，由于成果转化在定价上还不成熟，对国有资产流失的顾虑始终是悬在高校管理层头上的"达摩克利斯之剑"。在科技成果转化利益分配机制上，国家和地方新政都大幅提高科技成果完成人的奖励比例，科技成果转化收益奖励的很大部分给了科研团队，但因涉及国有资产，还需履行相关手续，尤其在作价投资方式下，股权奖励更为复杂且具有滞后性和不确定性，这不仅增加了国有资产管理的难度和保值增值的压力，也在一定程度上影响了政策实施的效果。同时对于高校而言，在科技成果转化过程中其需要承担起国有资产监管的重要责任，而绝大多数科技成果转化收益都归属研发团队，使学校面临"转"与"不转"的两难选择。

四、高校技术转移市场化运行的必然选择

2019年政府工作报告中指出"以市场化改革的思路和办法破解发展难题"，这一思路对高校技术转移同样适用。随着改革的不断深入，推进高校技术转移市场化运行被普遍认为是一条值得探索的出路，改革呼声很大，这几年的全国两会和地方两会上也有不少代表提出推进高校科技成果转化市场化运营的建议（张立平，2019；陈曦，2022；九三学社中央委员会，2022；人民网，2022），从中可以看出，通过市场化运作来推动高校科技成果转化已经成为一种共识。

全面推进高校技术转移市场化运行是大势所趋，也是突破当前困境的必然选

择。为提高科技成果转化效率，高校科技成果转化工作必须同时遵循科技创新规律和市场经济规律，破除现有体制机制的障碍，充分发挥市场在创新资源配置中的决定性作用，从制度层面和运行机制层面探寻解决当前面临问题的有效途径，促进科技与经济的有机结合。

1. 市场化运行是破解高校技术转移困境的有效途径

高校现行的科技成果转化管理方式、体制机制的不适应以及技术市场、资本市场的不够成熟是产生上述问题的主要原因。归根结底是市场在高校科技成果转化中的作用没有得到充分发挥。

其一，对科技成果本身而言，由于没有发挥市场在研发方向、成果选择、技术路线等方面的导向作用，因此高校科技成果与市场需求脱节，或与中试、量产等生产环境的差距较大，成果的商品化特征不明显，用户难以识别和知悉，造成企业不愿承接，风险资金也不敢投入到中试和量产等耗资较大的中间环节，直接影响了科技成果的商业化、产业化。

其二，在高校科技成果转化管理方面，由于没有遵循市场规律，大多照搬高校的管理模式，缺乏体制机制创新，没有采用现代企业管理的理念和方法，不能有效激发相关人员实施成果转化的积极性，也很难吸引优秀的专业人才，加上自身的造血功能不强，运作不够规范，市场推广和营销手段不足，缺乏竞争意识，科技成果市场化应用难以实现。

其三，技术市场发育不成熟，技术成果市场化评价体系不健全，缺乏完善的技术价值评估和信用体系，技术成果跨主体转移存在信息不对称的情况，由此带来相应的信息成本、谈判成本、委托代理成本等，增加了技术转移的交易成本。

其四，职务科技成果权属关系复杂，使科技成果自由流动受到限制，市场化障碍依然存在。各种行政审批程序不仅造成了较高的制度成本，降低了转化效率，还导致高校担心国有资产流失、研发人员担心奖励不能兑现、企业担心错失市场时机、金融机构担心产权纠纷，影响了各主体参与高校科技成果转化的积极性。

技术转移市场化运行将对科技成果的行政化管理转变为按照市场规则运行，不仅可以解决当前高校科技成果供给和市场需求脱节、技术转移专业化服务能力不足和科技成果转化效率低下等问题，更重要的是，实施市场化运作，使更灵活的人员聘用和奖酬机制成为可能，可以更有效地激发来自科研人员和技术转移机构内部的动力，调动他们参与技术转移活动的热情，形成良性的激励机制，从而将传统的、依靠外界指令推动组织被动地向有序方向发展的方式转变为自行组织、自行演化的自组织系统，使高校技术转移体系的整体功能发生跃变。

2. 市场化运行是进一步优化创新资源配置的需要

长期以来，政府在我国的科技资源配置中发挥着主导作用，特别是在计划经济时代，整个社会的资源配置完全服从于政府的计划，科技资源被视为公共资源，其本应具有的商品属性被忽视，导致科技与经济脱节、资源稀缺与资源浪费现象并存、社会的创造力受到抑制。改革开放以后，特别是随着市场经济的发展，我国才逐渐开始进行科技资源的市场化配置（唐泳和赵光洲，2011）。但政府这只看得见的手在科技资源配置中依然发挥着重要作用。

进入21世纪，随着新一轮科技革命和产业变革的到来，全球科技创新竞争日趋激烈，人才、资本、市场、高科技成果等成为世界各国竞相争夺的战略资源，科技创新与金融资本、商业模式融合更加紧密，正在推动全球产业变革加速进行。为迎接新科技革命和产业变革带来的新挑战和新机遇，必须协调好市场和政府两大力量，充分调动和利用人才、科技、资金等各种创新资源，优化资源配置，构建高效的资源供给体系。

习近平总书记曾在2018年5月28日召开的两院院士大会上，援引恩格斯的话，"社会一旦有技术上的需要，则这种需要就会比十所大学更能把科学推向前进"，并指出，"要发挥市场对技术研发方向、路线选择、要素价格、各类创新要素配置的导向作用，让市场真正在创新资源配置中起决定性作用"。这也提示我们，推进科技成果产业化必须变成实实在在的经济活动，遵循市场规律，参与市场竞争，牵住"社会对技术的需要"的"牛鼻子"，让市场这只无形的手在促进转化效率提升上发挥作用（张瑞萍和历军，2019）。

利用有限的资源实现最优的效益，是资源配置追求的目标。在市场经济条件下，以公平竞争体现价值，以价格机制降本提效，以供需关系反映利益诉求，以此激发各市场主体的活力，达到优化资源配置的目的，是实现资源配置的最佳选择。发挥市场在创新资源配置中的决定性作用，就是要清除过度行政管制等限制市场要素流动的各种障碍，让创新资源要素的流转和聚集由市场经济的规律来主导。

高校聚集了大量高层次科技创新人才，科研基础设施完备，拥有数量众多的国家重点实验室、研究中心、高端科研仪器和充足的科研经费，科技资源优越，科研成果丰硕，是国家创新体系中的重要组成部分，也是科技资源配置的重要主体。在科技成果转移转化、科技成果产业化等方面，高校被寄予厚望。高校科技资源的合理配置，是经济社会发展的需要，也是高校自身可持续发展的需要。高校科技成果资源是企业技术创新的重要来源，相关部门必须主动深入市场，按照符合市场经济的竞争机制、供求规律对技术、人才、资金等各类资源要素进行优化组合和科学配置，最大限度地发挥各类创新资源的价值，提高其利用率和增值效益，促进经济发展和社会进步。反过来，资源使用效率的提高和积极的社会反馈，又能引导高校科技活动的开展，激发科研人员的创新能动性，产出更多符合产业需求的科技成果，进一步推动科技进步，实现高水平科技自立自强支撑经济社会的高质量发展。

3. 市场化运行是对技术转移本质与规律的遵循

高校技术转移是高校和企业作为供需双方的对接和交易的过程，无论是围绕某一核心技术成果开发产品，还是将技术用于改进、提升产品或服务的特定性能，都不是单一的技术问题，而是一种涉及需求搜寻、定价、谈判、交易等多环节的市场经济行为。

一般来讲，高校技术转移可以通过供给侧推动和需求侧拉动两种方式进行。供给侧推动是由技术输出端的高校主动向技术吸纳端的企业转化，将现有科技成果推广至市场，即有什么就转移什么；需求侧拉动是技术吸纳端的企业根据市场的技术需求主动与高校开展科研合作，或是高校在充分调查了解产业需求后进行有目的的研发，即需要什么才研发什么。

在过去很长一段时间里，我国高校的大部分科技成果产生于政府财政资助的科研项目，主要采取第一种方式进行转化。由于我国科学研究和生产经营长期以来分属不同的活动领域，加上技术转移服务体系发展滞后，目前高校所拥有的很多科技成果并不是依据市场需求来研发的，而是研究者根据兴趣进行自由探索，他们开展研究之前也很少会走进市场与企业、技术转移机构沟通，以致研发出的科技成果不能满足企业所需，大量科技成果因为其不具有使用价值或成熟度低，无法有效转化为生产力，从而造成了大量科技成果的浪费。实践证明，第一种转化方式并不成功。

科技成果转化不能脱离其背后的市场规律。其一，科技成果能否从资源变成商品主要取决于其使用价值。在市场经济条件下，一切经济活动都是为了满足特定的市场需求。科技成果在转化前只是一种智力劳动成果，而商品在市场上可以交易是因为其具有使用价值，科技成果作为一种资源，仅有技术价值是不够的，只有经过转化具有使用价值后才能成为商品，因此需要充分挖掘和拓展市场的需求及成果可转化应用的领域，尤其是提高科技成果跨领域转化应用的能力。其二，科技成果的权属必须明确。在市场经济条件下，科技成果要成为交易对象，必须具有市场属性，而产权清晰是市场经济运行的前提，一切交易只有当交易对象产权清晰时才可以进行。所谓产权清晰，即交易对象有明确的产权主体、产权有清晰的边界、个人利益或成本与社会利益或成本趋于一致。高校科技成果在归公还是归私之间有很大的选择范围，但产权理论和实践证明，产权归属自然人最有效率，而归公将导致效率低下，而且随着产权归属主体范围的扩大，经济主体实施产权的意愿和能力将逐渐降低（闭明雄，2017）。因此确定科技成果的权属是其参与市场经济的规则，而不能仅仅将科技成果作为一个政策对象或管理对象。其三，科技成果的价值信息具有可获得性。商品应具备必要和完整的标识信息，具体来说，应当包括成果的用途、功能、适用范围、应用条件、预期成效，转化实例等主要内容。如果科技成果的价值信息不易被获取并被有效识别，就会大大增加交易成本。其四，交易行为的达成，需要交易双方对成果价值有共同的认知。由于科技成果本身的经济价值难以判定，因此需要建立一套相对科学并能够被交易双方共同接受的价值评估方法或成果定价机制。同时，需要进一步培育和发展技术市场，提高成果交易价格的透明度，进而增加市场机制指导定价的可行性。其五，能进入市场进行转化的成果才是商品。科技成果只有脱离了对研发者的依附性，并具备了与原应用环境分离的条件和对新环境足够的适应能力，才可能独立存在并实现市场交易。产品市场是高校科技资源市场化的最终检验者，任何一个组织的资源的价值，只有在提供满足目标市场需求的产品与服务时才能被体现出来，这有赖于高校的科技创新提供能够开拓和满足市场需求的成果，并使之适应高度竞争的市场环境。其六，科技成果转化需要专业、成熟的市场推广机制和中介服务组织来做保障。只有规范的市场，才可能真正保证市场参与各方的切实利益，从而激发出市场的活力，促进整个科技成果转化市场的繁荣和健康发展。

可见，高校技术成果转化既要遵循科学研究的规律，又要适应市场需要，按市场规律进行运作，必须立足市场这个主场域，通过市场的手段，让高校科技成果真正转化为生产力，作用于经济社会的发展。

五、高校技术转移市场化运行的总体思路

高校技术转移市场化运行以市场需求为导向，以资源的自由流动为前提条件，以公平竞争为手段，在市场价格机制的作用下，通过合约和交易，在满足社会经济需求的同时，实现技术、人才、资金、信息等创新资源的合理配置和效益最大化，充分体现市场机制在科技成果转化中的决定性作用。但高校技术转移市场化运行并不意味着放弃公益性，社会服务是高校的三大职能之一，服务于公共利益、增加社会福祉始终是公立大学科技成果转化的主要使命，市场化运行只是手段，其目的是提升高校社会服务效率，而非追求自身经济利益的最大化。

高校应根据自身的实际，以国家出台的相关政策法规为依据，探索建立适合高校特点的、符合技术创新规律和市场经济规律的科技成果转化市场化运行机制，从运行机构建设与改革、研发人员和技术经纪人的管理与激励、科技成果的市场化评估与交易价格的确定、资金筹集与退出、高校科技成果国有资产管理及权属制度改革等方面入手，充分发挥市场对技术、人才、资金、信息等各种创新资源的引导作用，合理配置资源，降低交易成本，提高科技成果转化的效率。

1. 推进高校技术转移机构体制机制改革

根据技术转移机构的类型，探索基于市场化运营的高校技术转移机构的内部

管理体制及外部合作机制，按照公平竞争、优胜劣汰的原则，加强科研平台、中试基地、中介服务机构等资源的整合利用，实现资源合理配置和效益最大化。鼓励高校技术转移机构参与竞争，依法、依规获得从事成果转移转化的服务收益，提升技术转移机构可持续发展能力。探索适合高校技术转移机构企业化管理的运行模式，引入项目管理模式，加强流程管理、风险管理、成本管理，加强人力资源市场化配置，建立合理的人员流动机制，通过人才市场双向选择，以公开、平等、竞争、择优为导向，不断提高技术经纪人队伍的整体素质，打造一支专业化的技术转移工作队伍。

2. 加强高校技术转移市场化激励机制设计

高校技术转移的激励对象包括高校、科研人员、技术转移机构、技术经纪人、投资主体、合作企业等。由于投资主体和合作企业天然追求利益最大化，因此主要采取税收优惠等经济手段对其进行激励。对于高校、科研人员和技术经纪人，应根据激励相容、参与约束等原则，采用多元化的激励手段，通过系统设计，调动其参与技术创新和科技成果转化的积极性。对于高校，要加大对科技成果转化工作的考核，赋予更多的自主权，建立尽职免责制度；对于科研人员，要探索产权激励、评价考核、经济激励、鼓励离岗创业等激励方式；对于技术经纪人，要从经济激励以及个人职业发展等精神激励方面吸引和留住优秀人才来从事技术转移工作。

3. 健全面向转化的科技成果市场评估机制

科技成果转化离不开科学、公正、权威的评估评价。科技成果的价格既需要体现研发成本和科学价值，也要反映其潜在的经济价值和市场应用前景。探索建立科研成果市场化评价制度，综合考量科技成果技术价值、经济价值，以及在转化中面临的来自市场、法律、资金等各种风险，结合评估方法、定价方式、交易方式等多方面因素，提高科技成果评估的科学性、合理性和双方认可度，有助于交易双方在价格上达成共识，从而减少谈判成本，提高科技成果转化的成功率。

4. 构建多元化的资金筹措与退出机制

科技成果转化的过程需要大量的资金支持。要促进技术要素与资本要素的融合发展，进一步畅通融资渠道，规范发展政府引导基金，使其更好地发挥资金杠杆的放大作用；积极探索天使投资、创业投资、知识产权证券化、科技保险等融资方式或担保形式，充分利用资本市场建立风险投资的退出渠道；鼓励风险投资机构、商业银行、投资银行、民间资本、企业实体资本等投资主体参与到支持科技成果转化的队伍中来，以知识产权质押、科技贷款等融资方式，为促进技术转移转化提供更多金融产品服务，推动科技成果从实验室走向市场，加快高校的技术、知识及发明创造转化为商品的进程。

5. 深化科技成果国有资产管理制度改革

高校职务科技成果的国有属性决定了成果转化要按照事业单位国有资产管理的相关规定执行，不仅严格的审批程序限制了科技成果的自由流动，增加了交易成本，而且国有资产保值、增值的管理责任直接影响了高校相关管理人员对科技成果转化的积极性，出现"不愿转、不敢转"的现象。这些都与科技成果转化应该遵循的市场规律相矛盾，要避免上述情况发生，除了要加大放管服力度，下放科技成果使用权、处置权、收益权外，还需要树立"科技成果不转化就是最大的资源浪费"的理念，从源头上探索职务科技成果的所有权改革，建立符合科技成果特点的国有资产管理制度，促进科技成果的自由流动，降低交易成本。同时使股权激励得到顺利落实，使科技成果完成人的经济利益得到保障，从根本上避免科技成果作为国有资产被占用和资产流失并存的现象。

第二章　高校技术转移机构的市场化探索

高校技术转移机构建设是推动高校科技成果转化工作的主要抓手和重要载体，是国家技术转移体系的重要组成部分。技术转移机构的专业化水平、运行机制、管理模式直接影响着高校科技成果转化的效率。科技部、教育部 2020 年印发的《关于进一步推进高等学校专业化技术转移机构建设发展的实施意见》中指出要"推进高校技术转移机构高质量建设和专业化发展"，"以技术转移机构建设发展为突破口，进一步完善高校科技成果转化体系，强化高校科技成果转移转化能力建设"，强调了高校技术转移机构在提升高校科技成果转移转化能力方面的关键性作用。同时，在"完善机构运行机制"的重点任务中明确提出"要制定市场化的运行机制"，指明了高校技术转移机构未来的发展方向。

一、高校技术转移机构的发展历程

随着我国对科技成果转化工作的逐渐重视，高校技术转移机构从无到有，自 20 世纪 80 年代末开始设立至今的短短 30 多年间经历了从仅具有管理职能到逐渐走向市场化的过程。

1. 萌芽起步阶段

我国高校从新中国成立起，就开始提供科技管理与服务，主要内容为科技成果评审、鉴定、成果登记、保密、奖励等。1982 年，国家颁布了《中华人民共和国经济合同法》，为把"技术"作为商品提供了法律依据。1985 年，专利制度的建立和实施使高校科技成果的管理扩展到了知识产权和专利管理，因此可以认为高校把技术作为商品，开展有偿服务是从 20 世纪 80 年代开始的。到 80 年代中期，全国有一半以上的高校都组建了科技服务部门，负责高校科技成果的转化，为社会经济服务发挥了作用。

20 世纪 80 年代末 90 年代初，各高校纷纷成立技术成果转化机构，积极探索合理有效的运行机制。例如，华中理工大学（现华中科技大学）于 1989 年成立了华中理工大学科技成果转化办公室；中国科学技术大学在 1988 年成立了科技开发总公司与科技开发院，两块牌子一套人马，负责管理学校技术开发、技术转让、技术咨询、技术服务和科技产业工作。在国家政策的引导和企业对技术的迫切需求下，20 世纪 90 年代，高校越来越多地参与到科技成果转化和高新技术产业化的工作中，成立工程技术研究中心，建设大学科技园，为推动高新技术的产业化、用科技服务经济建设主战场发挥高校力量。

2. 发展规范阶段

伴随着高校在科技创新中扮演着越来越重要的角色，20 世纪末 21 世纪初，一些拥有较多科技成果的高校通过整合多方力量，组建技术转移机构。此时的技术转移机构跟以往的科技成果转化机构不仅在名字上有所不同，而且在职能上也有所区别，后者的工作职责主要是技术成果管理及推介，而前者则集人才整合、技术联合开发与工程化、资金筹集、信息对接等为一体，从纯管理向技术成果经营方面转变，一些学校还同时成立了专门从事技术转移的公司，开始探索技术转移的市场化运作。例如，华中科技大学从 2000 年开始组建了高新技术成果转移中心，一方面是借助政府的引导，与行业、区域骨干企业结成产学研协同创新的战略联盟，另一方面运用市场机制发展与企业的横向科研合作（华中科技大学，2003）。西安交通大学在 1999 年成立了技术转移中心，同年 9 月成立了西安交通大学技术成果转移有限责任公司，中心与公司一体化运作。进入 21 世纪，政策的引导和企业对高新技术的强烈需求为高校技术转移机构的发展提供了新的市场空间和机遇，高校技术转移工作进入了一个新的阶段。2001 年，国家经济贸易委员会、教育部首批认定基础比较好、科技力量比较强、科研成果比较多的清华大学、上海交通大学、西安交通大学、华东理工大学、华中科技大学、四川大学等 6 所高校的技术转移机构为国家技术转移中心。2002 年，为进一步完善科技服务体系，推进国家创新体系建设，科技部发布了《关于大力发展科技中介机构的意见》，鼓励有条件的科研单位、高校兴办各类科技中介机构。

技术转移进一步拓展了高校社会服务功能，受到了政府、社会、企业前所未有的关注。一些高校积极开展科技与经济相结合的实践探索，加强产学研合作，改革科研管理体制和运行机制。部分高校的技术转移机构不仅负责本校科技成果的转化工作，而且发挥学校的特色和优势，承担起行业共性技术的研发与转化，以及国际、区域间经济发展所需的技术转移工作，并逐渐明确了自身定位和发展方向，如清华大学国际技术转移中心定位于引进、帮助国内企业消化吸收国际先进成熟技术以及指导帮助国内企业面向国际市场，实现国际技术资源与产业界的双向对接；华东理工大学凭借在化工领域较强的科技创新能力，将目标锁定为促进能源、资源、化工领域知识流动与技术转移的引领者和带动者。地方政府也鼓励高校、科研院所与企业联合，利用高校科技资源为企业提供技术服务和智力支持。2005 年，北京市教育委员会和工业促进局分别依托北京航空航天大学、北京理工大学、北京科技大学、北京化工大学、北京交通大学、北京工业大学、首都医科大学等单位，成立了电子信息、车辆、新材料、化工与环保、城市交通、先进制造及新医药等 7 个技术转移中心。一些大学技术转移中心加入了国家产业技术创新战略联盟或区域联盟，或与地方合作，成立了技术转移分中心或工作站，大学技术转移的网络体系正在逐渐形成。

从 2008 年起，科技部开始组织认定国家技术转移示范机构，并分别于 2008 年、2009 年、2011 年、2012 年、2014 年和 2015 年公布了六批共 455 家国家技术转移示范机构，其中依托高校的国家技术转移示范机构共有 134 家。

3. 规模扩大阶段

2015 年和 2016 年，从修订《中华人民共和国促进科技成果转化法》到国务院颁布《实施〈中华人民共和国促进科技成果转化法〉若干规定》，到国务院办公厅印发《促进科技成果转移转化行动方案》，修订法律、配套政策、部署行动的"三部曲"开启了我国科技成果转化的新局面。教育部也随之出台了相关文件，对高校技术成果转化工作进行部署，在《教育部 科技部关于加强高等学校科技成果转移转化工作的若干意见》（教技〔2016〕3 号）中，对加强高校技术转移专业化机构建设提出了指导性意见。

2017 年 9 月 15 日，为加快建设和完善国家技术转移体系，国务院印发了《国家技术转移体系建设方案》（〔2017〕44 号），明确指出"引导技术转移机构市场化、规范化发展，提升服务能力和水平，培育一批具有示范带动作用的技术转移机构"。

为加强高校技术转移机构的专业化建设，2018 年，教育部专门研究制定了《高等学校科技成果转化和技术转移基地认定暂行办法》（教技〔2018〕7 号），旨在打造一批体系健全、机制创新、市场导向的高校科技成果转化和技术转移平台。2019 年，教育部办公厅发布《关于公布首批高等学校科技成果转化和技术转移基地认定名单的通知》（教技厅函〔2019〕31 号），清华大学等 47 所高校入选。2020 年，北京大学等 24 所高校被认定为第二批高等学校科技成果转化和技术转移基地（教科技厅函〔2020〕37 号）。

2020 年 2 月，《教育部 国家知识产权局 科技部关于提升高等学校专利质量促进转化运用的若干意见》（教科技〔2020〕1 号）的文件中，将"加强专业化机构和人才队伍建设"单列为一项重点任务，并"鼓励各高校探索市场化运营机制"。2020 年 3 月，中共中央、国务院印发《关于构建更加完善的要素市场化配置体制机制的意见》，将培育发展技术转移机构作为加快发展技术要素市场的重要举措和明确任务，提出新的更高要求。为贯彻落实意见要求，2020 年 5 月，科技部、教育部又联合印发《关于进一步推进高等学校专业化技术转移机构建设发展的实施意见》（国科发区〔2020〕133 号），计划在高校中培育发展一批运行机制灵活、专业人才集聚、服务能力突出、高水平运行的专业化技术转移机构。2021 年 9 月，首批高校专业化国家技术转移机构建设试点名单公布，清华大学、北京理工大学、北京大学、上海交通大学、浙江大学等 20 所高校入选。

从 2008 年科技部认定依托高校建设的国家技术转移示范机构，到 2018 年教育部认定高校科技成果转化和技术转移基地，再到 2020 年科技部、教育部联合认定高校专业化技术转移机构，我国一直在不断探索高校科技成果转化机构的发展路径，树立和打造新时期高校技术转移机构的"升级版"和"新标杆"。

在大力推动科技成果转化的时代背景和使命召唤下，除了以上这些被认定和入选试点高校外，经统计，科技成果转化成效较好的高校普遍都设立了适合自身特点的技术转移机构，根据《中国科技成果转化年度报告 2019（高等院校与科研院所篇）》数据，2018 年全国高校设立技术转移机构的比例已达 30.1%。一些高校在技术转移机构市场化运行机制上做出了积极的探索。例如，2016 年北京理工大学成立了全资的北京理工技术转移有限公司，作为技术转移中心的市场化运营平台；又如科技部火炬中心官网 2020 年发布的《关于部分国家技术转移机构名称变更的通知》里东南大学技术转移中心更名为南京东南大学技术转移中心有限公司，体现了从"体制内"到"体制外"的变化。高校技术转移机构市场化运行的尝试有效弥补了高校作为事业单位在人员聘用、考核、激励及分支机构建设等方面缺乏灵活性的不足，建立了更加符合市场规律和科技成果转化规律的技术转移体系，为高校建设专业化新型技术转移机构探索了新路径。

与此同时，依托高校建设或高校参与政产学研合作建设的概念验证中心、技术开发平台和新型研发机构不断涌现，在国家相关政策的引导下技术转移机构的管理机制也更加灵活，市场化运行成为不可阻挡的必然趋势。

二、高校技术转移机构的分类

高校技术转移机构可以按不同的划分办法进行分类。

1. 按发挥作用的不同

技术转移机构是为科技成果从技术供给方向技术需求方转移而提供各类服务的机构，包括概念验证中心、中试基地、孵化平台和中介服务机构等，各类机构在技术转移环节发挥的作用各有侧重。

概念验证中心。遴选具有市场应用前景的基础研究项目来开展概念验证活动，推动实验室成果进入中试熟化培育体系。其主要工作是为早期成果配置资金、开展技术与商业化验证，并吸引进一步的投资，目的是减少转化风险和不确定性，主要解决科技成果转化的"最初一公里"问题。

中试基地。中试是高校实验室产品走向量产的关键一步。中试需要技术研究开发平台，名称常见为工程技术研究院、工程技术研究中心，主要是为具备市场前景的概念验证项目提供技术集成、中间试验和工业性试验、科技成果系统化和工程化开发，形成接近市场应用的中试产品、工程设备样机、成套生产工艺和整体技术方案。通过中试验证可以进一步保证产品（技术）的成熟性、可靠性和稳定性。中试基地具有技术专业性，一般依托高校建设，也可与地方政府和企业合作共建。

孵化平台。对中试熟化成功的项目，必须经过孵化，引入资金，成立初创企业，才能进一步成长壮大。大学科技园、孵化器、众创空间等可以为初创期科技型中小企业提供孵化场地、创业辅导、研究开发与管理咨询等服务，解决的是成果转化的"最后一公里"问题。

中介服务机构。主要开展技术经纪活动，包括帮助科技人员将科技开发与市场需求相结合，引导应用研究过程与企业创新需求对接，协助成果拥有者申请和维护专利，开展技术成果评估，解决技术成果处置权分配，制定成果收益分配规则和股权管理制度，提供技术投融资服务等。

值得注意的是，以上只是按不同技术转移机构的定位及其主要发挥的作用进行分类，可以看出概念验证中心和中试基地侧重技术支持，孵化平台和中介服务机构侧重服务支持。实际上有些技术转移机构的作用范围覆盖了整个技术转移链，是上述各种类型的综合体，就如科技部、教育部颁布的《关于进一步推进高等学校专业化技术转移机构建设发展的实施意见》（国科发区〔2020〕133 号）中所指出的"高校专业化技术转移机构是为高校科技成果转移转化活动提供全链条、综合性服务的专业机构"，全链条、综合性是未来技术转移机构的重要特征和发展方向。

另外，虽然科技成果转化需要金融、信息、法律等多方位服务，但技术转移机构并不包括单纯提供信息、法律、咨询、金融等服务的机构，如技术评估中心、科技情报所、专利事务所、投资机构等。

2. 按机构性质的不同

科技部、教育部颁布的《关于进一步推进高等学校专业化技术转移机构建设发展的实施意见》（国科发区〔2020〕133 号）中指出：在不增加本校编制的前提下，高校可设立技术转移办公室、技术转移中心等内设机构，或者联合地方、企业设立从事技术开发、技术转移、中试熟化的独立机构，以及通过设立高校全资拥有的技术转移公司、知识产权管理公司等方式建立技术转移机构。

《关于进一步推进高等学校专业化技术转移机构建设发展的实施意见》（国科发区〔2020〕133 号）里列出的这三种模式分别对应三种性质的技术转移机构：一是高校内设机构，即体制内的高校职能部门，一般按行政管理方式运行，主要是为本校师生的技术成果转化服务。从名称上看有技术转移中心、科技成果与知识产权管理办公室、科技开发部等，具有代表学校行使统筹管理技术转移以及制定政策的行政职能，负责学校转移转化政策制订、体系构建、技术合同签署等工作。二是高校与地方、企业联合设立专业化机构，如中部知光技术转移有限公司就是由武汉市人民政府与中国地质大学（武汉）联合创建的武汉地质资源环境工业技术研究院和武汉光谷金融控股集团有限公司分别投资 3000 万元和 2000 万元注册成立的。三是高校全资设立的从事技术转移的公司，即学校独资企业，这种情况比较普遍。

除了第一种学校内设机构外，后面两种都可以采取比较灵活的管理机制，一般实行企业化运作，在用人方面、激励与约束方面有更大的空间，有利于吸引和集聚技术转移专门人才。比如 2022 年 1 月四川省将成都西南交大研究院有限公司升级改造为四川省跨高校院所新型中试研发平台，省级财政分年出资入股，采取的这种多元共建运行模式机制更灵活、体系更开放。中部知光技术转移有限公司作为企业化实体，采用的也是市场化运行模式。

3. 按建设主体的不同

按牵头或参与主体的不同，可分为高校主导型、政府主导型、政产学研共同参与型等类型。

高校主导型既可以是由单独一所大学独立或联合企业设立的技术转移机构，这种情况十分常见；也可以是由两所及以上大学联合设立的技术转移联盟。例如，江浙沪皖地区高校自愿结成的公益服务性团体"长三角高校技术转移联盟"就由复旦大学、上海交通大学、浙江大学、南京大学、东南大学、江南大学等多家单位组成。

政府主导型是指由地方政府或科技、教育主管部门牵头建设的促进高校科技成果转化的平台。目前许多省、直辖市已经设立了相关的机构。例如，上海市教育委员会、上海市科学技术委员会和杨浦区人民政府三方共同构建了上海高校技术市场，挂靠在市教育委员会，2015 年委托上海全国高校技术市场有限公司运营；同年，上海市教育委员会又与张江高新技术产业开发区管理委员会联合成立上海高校张江协同创新研究院，遴选优秀的科技成果转化项目在张江示范区和长三角地区进行转化。又如，天津市高校科技创新成果转化中心是天津市教育委员会的直属事业单位，主要承担高校创新成果转化公共服务平台建设，建立高校的科技协同创新机制，为关键共性技术攻关和产学研对接提供服务。吉林省教育科技产业服务中心也是隶属于省教育厅的事业单位，主要职责是推动高校与企业合作，加强产学研合作，促进高校科技成果转化、应用和推广，为企业技术创新提供服务。类似的机构还有由广东省教育厅和佛山市人民政府共同创办的广东高校科技成果转化中心等。

政产学研共同参与型是指高校跟政府、企业或科研院所联合成立的技术转移机构。例如，2014 年西南交通大学与双流区政府共同成立了成都西南交大研究院有限公司，利用省、市、区政府提供的 3000 万资金，对西南交通大学实验室有关成果进行了持续的中试资金支持；2022 年初揭牌的由四川省科学技术厅、省发展和改革委员会、省财政厅联合牵头建设的四川省跨高校院所新型中试研发平台，就是依托成都西南交大研究院有限公司，将其升级为省级跨高校跨院所的中试研发平台。

当然，还有别的分类方法，如按技术转移机构服务的对象，可分为仅服务本校师生的高校技术转移机构、服务所在区域的技术转移机构、面向全国甚至全球的技术转移机构；也可以按技术转移机构重点服务的行业分类，如专门从事轨道交通技术转移的机构，专门从事电子信息技术转移的机构，专门从事装备制造、食品饮料、先进材料、能源化工、生命健康等领域的技术转移机构；等等。

三、高校技术转移机构的建设现状与挑战

1. 管理行政化色彩较浓

随着我国对科技成果转化工作越来越重视，大学的社会服务功能也有了很大

的拓展，促进科技成果转化和产业化成为大学实现其社会服务功能的核心。在这样的背景下，近年来高校设立的技术转移机构数量明显增加，但大多数机构依然按照政府相关管理部门或高校的工作逻辑进行设置和运转，属于学校的职能管理部门，以沿用行政事务管理的模式为主。这一方面是因为部分高校技术转移机构是由政府部门认定组织建设的，如国家工程研究中心是国家发展和改革委员会组织建设的，国家工程技术研究中心是由科技部负责的，其中都有一部分是依托高校建设，主要进行技术研究开发、试验和转移转化；另一方面是因为不少高校的技术转移机构挂靠或设立在学校的科研管理或资产管理部门下面，还有些高校的技术转移机构属于牵头单位，除履行成果转化职能外，还负责协调参与转化任务的其他部门，如大学科技园、孵化中心、校企合作办公室的相关工作，同时由于成果转化涉及国有资产管理、财务等部门，还要协调这些部门之间的关系。

学校内设的技术转移机构没有独立的人事权和财务权，转化机构不能直接服务科技成果转化市场。由于管理和运行经费主要来自高校或者政府拨款，经费往往难以支撑成果转化工作的顺利开展，而且这种事业单位的管理模式使得校企联络、科技成果管理、知识产权管理、国有资产管理分属不同的部门，从而形成了一种既相互独立又有交叉的平行管理模式，这种模式存在职能重复、多头管理、资源分散、信息共享程度较低等问题。这种模式不仅运行成本高，也造成资源、财力和人力的浪费，在出现问题时还容易出现相互推诿的现象。具体而言，像大学科技园、校企联合研发中心多为事业单位或国企，也因为产权、体制等原因，没有遵循市场规律，没有按现代企业管理方法运行，而是照搬高校的管理模式，导致市场竞争力不足。

2. 专业化服务水平偏低

长期以来我国高校科技成果偏被动管理，少主动推介。科技成果管理只注重科技成果的鉴定评审、申报奖项等，专利管理以追求专利数量为目标，工作重点是负责专利权的维护等，科技成果转化机构往往采取举办或参加技术交易会、技术展示会，或是通过科技信息平台等方式推销学校的科技成果。对技术成果进行价值评估、市场前景分析并制定许可策略等工作几乎没有开展，而这些内容对于一个技术成果的转移来说才是关键。近年来，随着国家对科技创新的重视以及借鉴国外高校技术转移工作的成功经验，无论是从事工程技术开发的成果转化平台还是从科技成果管理部门发展而来的技术转移中介机构，都意识到实施科技成果转化不能仅限于成果登记、专利管理等事务性工作，还需要进行成果筛选、市场推介、融资孵化等工作，在机构的主要职能中都增加了相关的内容。

但实践中，由于大多数高校技术转移机构具有职能部门的性质，在制度规划制定、平台建设、转化实施监督、数据统计上报等方面要承担管理责任，而在成果筛选、披露、评价、专利保护、推广洽谈、转化方案、合同谈判等方面的工作内容比较笼统，不是很明确，或只是涉及其中的部分工作，普遍存在职能定位散、不清晰、不完整的现象。有研究数据显示，中国高校40%以上的转化机构职能集中在成果登记、知识产权管理、推广洽谈、制度与规划制定等方面，只有20%的机构具有市场需求管理职能，这意味着我国高校在科技成果转化中对科技需求和市场环境的调研、分析不够重视，对整个转化流程的设计以及与科技转化市场的对接明显不足（徐明波和荀渊，2021）。

由此可以看出，虽然高校内部技术转移机构数量有所增加，但发挥的作用还比较有限，究其原因是我国高校在专业化、市场化技术转移机构建设方面，仍存在一些短板。《中国科技成果转化年度报告2019（高等院校与科研院所篇）》指出，现有高校技术转移机构存在"规模小、服务少、能力弱"的现象；《中国科技成果转化年度报告2020（高等院校与科研院所篇）》也显示，高校技术转移机构不同程度地存在职能定位散、服务水平低、发挥作用弱等问题，难以有效承担高校科技成果转移转化的职责和使命。

专业化技术转移机构是为科技成果转移转化活动提供全链条、综合性服务的专业机构。目前我国高校技术转移机构的服务在技术转移的链条上覆盖面还不够，服务内容的综合性还有待提高，专业服务水平较低是我国高校技术转移机构所面临的不争事实。

3. 可持续发展能力不足

我国高校技术转移机构在设立之初大多为学校内部机构，由学校下拨办公经费，科技成果转化后获得的收益也全部上交给学校。由于没有面向市场，缺乏竞争意识和创新意识，机构只能把政府当作经营对象，面向政府争取资金和项目。近几年，随着部分高校技术转移机构通过改制或重组向市场化运行转变，一些高校开始规定将转化收益提取一定比例作为佣金或奖励给技术转移机构，但是由于我国大部分高校技术转移机构处于市场化发展初期，经营理念和市场意识比较缺乏，尚未探索出行之有效的运营模式和盈利模式，对市场定位和发展方向也缺乏系统研究，仅靠收益提成或奖励仍然远远满足不了科技成果转化业务开展对资金的需要，自身发展也受到限制。

充足的经费支持是高校技术转移机构开展业务工作的前提和基础，专业化队伍建设、科技成果申请专利前的评估、成果推广营销谈判等都需要大量经费。尽管高校技术转移机构在建设初期能够得到拨款支持，但这并不是长久之计，尤其是在向市场化运行转轨的过程中，技术转移机构在被扶持的同时也将被逐渐"断奶"。因此必须抓住这个窗口期，尽快适应市场经济发展要求，改变过去行政管理体制下形成的"等、靠、要"的工作作风，树立新的市场理念和竞争意识，一边"孵化成果"，一边"壮大自己"，变"输血"为"造血"，实现自我积累和可持续发展。

4. 专业人员严重缺乏

现阶段我国高校技术转移机构人员配置方面主要存在两个不足，即数量不足、能力不足。

高校内设技术转移机构受事业单位体制的约束，缺乏足够的编制，有时工作人员只能身兼多职，不能全身心投入到技术转移工作中；即便采用编制外聘用人员的方式，也会因考虑用人成本而难以按需配备。有学者从四大世界大学排行榜前100位中选取可以完整搜集到科技成果转化机构、职能与体制机制等详细信息的15所美国研究型大学来进行分析，这些技术转移机构的人员数量从10人到78人不等，平均40人。我国有公开数据可查的25所一流建设高校的技术转移机构人员配置平均人数为6.6人，主要是从事转化前端的成果登记、合同审核、归档等工作，少有机构明确对接科技需求和市场环节（徐明波和荀渊，2021）。上海是我国经济、科技最发达的地区之一，上海市科学技术委员会对上海高校的调查显示，2021年上海高校技术转移机构平均有专职人员7.6人，其中部属高校20.8人，市属高校2.5人，市属12家受资助机构4.5人，也远远低于美国高校的人员规模。

我国高校技术转移机构不仅人员数量差距较大，而且人员聘任沿用管理部门岗位竞聘模式，以职能部门内部或部门间人员流动为主，或者是直接从大学分配来的刚毕业的大学生或硕士研究生，或者是来自其他管理岗位或教学科研的人员，背景简单，缺乏在企业工作的经验，人员专业化水平普遍不高，同时具有产业技术、管理、金融、法律等知识储备，以及善于市场推广和商业谈判的高端复合型人才更为稀缺。

一项优秀的产业技术的形成，不仅是一个技术创新的过程，也是一项技术转移的组织过程，科学的运行机制和管理模式对高校技术转移机构能否正常高效运行至关重要。我国技术转移中心是在计划经济向市场经济转轨过程中逐步发展起来的，组织性质、管理体制、市场定位、业务流程、资金运转、动力机制、发展方向等问题需要进行系统深入的研究。技术转移机构不能只停留在"管理"的层面，而要突出"经营"的特点，将事业单位的特点与市场经济的经营方式结合起来，探索兼有中介服务和管理性质的非营利性组织的运行机制，以技术市场需求为导向，按市场规律进行运作和管理，充分激发来自技术转移机构内部的动力，实现自我积累和良性发展。

四、高校技术转移机构市场化探索与实践

面对以上困境，无论是国家层面还是高校自身，都意识到要提高高校科技成果转化效率，充分发挥高校技术转移机构的作用，必须对现有的体制机制进行改革，探索更加符合技术转移规律的运行方式。2017年9月，《国务院关于印发国家技术转移体系建设方案的通知》（国发〔2017〕44号）中明确提出要"引导技术转移机构市场化、规范化发展，提升服务能力和水平，培育一批具有示范带动作用的技术转移机构"。同年12月教育部办公厅下发的《关于进一步推动高校落

实科技成果转化政策相关事项的通知》（教技厅函〔2017〕139 号）也做了相关部署，提出高校要"通过招标委托第三方机构或整合、重组校内市场化运营机构从事科技成果转化工作，探索实行技术经理人市场化聘用制。校内市场化运营机构、第三方机构和市场化聘用人员根据约定，可以从科技成果转化净收入中提取一定比例作为中介服务的报酬"。

科技部也鼓励高校技术转移机构开展市场化探索。2018 年 5 月科技部印发的《关于技术市场发展的若干意见》（国科发创〔2018〕48 号）提出"选择若干高校、科研院所开展高水平专业化技术转移机构示范""建立专业化运营团队，形成市场化运营机制"。2020 年 5 月科技部、教育部针对高校技术转移机构建设联合印发的《关于进一步推进高等学校专业化技术转移机构建设发展的实施意见》的通知（国科发区〔2020〕133 号）中，在第四项重点任务"完善机构运行机制"中，更是明确提到"技术转移机构要制定市场化的运行机制"。从引导到示范再到要求，可以看出，高校技术转移机构市场化运作是应对挑战的现实出路，也是符合技术转移本质规律的必然选择，一些地区和部分高校已经率先启动改革试点工作，探索高校技术转移机构市场化运作的改革大幕已经拉开。

1. 高校已建技术转移机构的改制创新

（1）事业化管理+市场化运营的技术转移机构建设模式

以北京理工大学为例，学校于 2016 年初设立了技术转移中心作为学校科技成果转移转化的业务主管部门，同年，成立了全资的北京理工技术转移有限公司。其中，技术转移中心是学校正式设立的二级部门（非挂靠机构），统一管理科技成果的转让、许可、作价投资等业务；技术转移公司是市场化运营平台，可弥补学校作为事业单位在人员聘用、考核、激励及设立分支机构等方面的不足。学校不承担包括处级干部在内的人员工资、房租等经费，而是从转化收益中提取 10%作为机构运行经费，使收益与业绩直接挂钩。这种方式既强调事业职能，坚持在学校统一部署下保障事业发展方向，又可以充分发挥市场优势，有效调动团队积极性。

（2）全资控股的市场化技术转移机构建设模式

以东南大学为例，2018 年，学校将南京东大科技服务中心有限公司改制为东南大学技术转移中心有限公司，由资产公司全资控股，科研院应用技术院院长担任董事长（不取酬），总经理采取市场化方式聘任，业务上接受科研院的指导。公司负责专利转让、技术作价投资及持股、建立投资孵化基金、设立并管理技术转移中心等工作，同时作为企业化研究院的持股平台。公司采用市场化运行模式，招募了校企校地合作、股权投资、孵化器建设等方面专业人才，根据责任分工同科研院签署合作备忘录，明晰工作界面和财务界面，进行市场化结算，自负盈亏，高管聘任由董事会决策，其他人员聘任由管理层决定，按照市场化模式建立薪酬标准和绩效考核标准。

又如，厦门大学科技成果转移转化中心以资产公司作为实体依托，转移转化办公室以资产公司举办的嘉庚高新技术研究院作为执行机构，按市场化模式推进科技成果转移转化的服务工作。

再如，南京理工大学技术转移中心有限公司由学校全资控股，通过市场化手段组建了一支职业技术经理人队伍，实行企业化管理。

（3）混合所有制的技术转移机构建设模式

以四川大学为例，2020 年成立的成都川大技术转移集团有限公司由四川川大科技产业集团有限公司、成都科技服务集团有限公司、成都武侯资本投资管理集团有限公司、成都空港科技服务集团有限公司 4 家国有企业，以及海纳同创控股有限公司、四川川大校友同创投资管理股份有限公司、深圳市海纳同创投资有限公司、筑塔（上海）科技有限公司、成都海纳棠湖科技有限公司 5 家四川大学校友企业共同发起组建而成，采取的是"学校+政府+校友企业"的混合所有制模式，依托四川大学学术基础和全球校友资源开展技术成果转化的市场化运营，2020 年成为四川省首批"四川省知识产权市场化运营示范基地"。

（4）完全市场化运营的技术转移机构建设模式

中国地质大学（武汉）2015 年成立了完全市场化运营的中部知光技术转移有限公司，组建了一支 100 多人的专业团队，核心骨干成员拥有市场化运营经验，具有多个行业背景，熟悉知识产权、专利运营、市场推广、产业孵化和科技金融等相关知识。按照"布局+运营"一体化的专利运营理念，采用"知识产权+"的运营模式，围绕关键领域技术，先开展专利布局，形成高价值专利包，再根据项目特点，以知识产权为核心，灵活选择运营方式，如专利许可、技术转移、产学研合作、产业孵化、资本运作等。搭建网络运营平台，汇聚人才、项目和专利等信息。与 300 多所高校、200 多个城市、40 余个科技服务机构建立合作关系，构建高校成果转移转化全价值服务链（教育部科技司，2020）。

2. 新型研发机构的兴起与发展

为解决目前因高校技术转移机构举办人属性所导致的开放性不足、市场导向不足、资金来源单一以及激励不足等现实问题，探索如何建立激励团队和保障机构可持续发展的运行机制，一种促进我国成果转化的新生力量——新型研发机构应运而生。

新型研发机构是近年来在我国新出现的一种研发组织形式，名称不一，常见的有"产业技术研究院"、"工业技术研究院"以及"新型研发（科研）机构"等，具有开展基础前沿研究和原创性研究、孵化科技型企业、促进科技成果转化等的功能，是一种将科学研究、技术开发和企业孵化相互贯通，并以商业化模式运营的新型机构。

目前业界普遍认为，深圳清华大学研究院是内地最早的新型研发机构，该院成立于 1996 年，是由深圳市政府与清华大学联合成立的。当时我国正处在从传统加工制造业向高科技产业转型的关键时期，产业技术面临升级压力，而引进国外先进技术因国际局势复杂变得更加困难，自主创新成为企业技术升级的唯一出路。为了更好地服务企业、促进产业升级，一些经济发达地区的政府积极引进高校、研究院的技术团队共同建立起"工业技术研究院""产业技术研究院"等新型的研发机构。这些机构当时并没有引起重视，只是 2010 年颁布的《中关村国家自主创新示范区条例》中提出支持战略科学家领衔组建新型科研机构。直到 2012 年，时任科技部部长万钢在全国人民代表大会和中国人民政治协商会议上提到新型研发机构正在崛起，此后才多以此来称其为"新型研发（科研）机构"。

新型研发机构成立的目的是通过技术创新和科技成果转化来加速创新创业，促进区域经济发展。因其对产学研的黏合力更强，弥补了目前各类机构和主体间连接不足的问题。

根据运行主体的不同，新型研发机构分为科研院所主导型、大学主导型和地方政府主导型、企业主导型等。运行机制也不同于传统的大学、科研机构、事业单位和企业，由政产学研与社会力量共同建立，运行实体可以是企业、事业或民办非企业法人，往往采取理事会领导下的院长负责制；目标上兼顾研发和创业，带动区域经济发展；研究工作既有学术性，又面向市场；运作模式投管分离，独立核算，内部治理采取"企业化运作"和非营利机构管理模式（赵军明等，2020）。总之，新型研发机构更好地聚集了各方的优势，在研发模式上能够将科学发现、技术发明和产业发展形成一个整体。

（1）新型研发机构的内涵及特点

新型研发机构近年来呈现出井喷式的发展态势。为推动新型研发机构健康有序发展，科技部于2019年9月12日发布了《关于促进新型研发机构发展的指导意见》，将新型研发机构定义为"聚焦科技创新需求，主要从事科学研究、技术创新和研发服务，投资主体多元化、管理制度现代化、运行机制市场化、用人机制灵活的独立法人机构，可依法注册为科技类民办非企业单位（社会服务机构）、事业单位和企业"。

新型研发机构一般应符合以下条件："（一）具有独立法人资格，内控制度健全完善。（二）主要开展基础研究、应用基础研究，产业共性关键技术研发、科技成果转移转化，以及研发服务等。（三）拥有开展研发、试验、服务等所必需的条件和设施。（四）具有结构相对合理稳定、研发能力较强的人才团队。（五）具有相对稳定的收入来源，主要包括出资方投入，技术开发、技术转让、技术服务、技术咨询收入，政府购买服务收入以及承接科研项目获得的经费等。"

新型研发机构"应采用市场化用人机制、薪酬制度，充分发挥市场机制在配置创新资源中的决定性作用，自主面向社会公开招聘人员，对标市场化薪酬合理确定职工工资水平，建立与创新能力和创新绩效相匹配的收入分配机制。以项目合作等方式在新型研发机构兼职开展技术研发和服务的高校、科研机构人员按照双方签订的合同进行管理"。

新型研发机构可以"通过股权出售、股权奖励、股票期权、项目收益分红、岗位分红等方式，激励科技人员开展科技成果转化"。但对于主办方和出资方，运营所得利润主要用于机构管理运行、建设发展和研发创新等，根据主办方性质，不得分红或不鼓励分红，但可以享受税收优惠。

国家"鼓励地方通过中央引导地方科技发展专项资金,支持新型研发机构建设运行。鼓励国家科技成果转化引导基金,支持新型研发机构转移转化利用财政资金等形成的科技成果"。

新型研发机构的突出特点是"三新""三无"。"三新"主要体现在功能新、组织新、机制新,"三无"则指无级别、无编制、无财政预算。因此新型研发机构又被称为"四不像":既是大学又不完全像大学;既是科研机构又不完全像科研机构;既是企业又不完全像企业;既是事业单位又不完全像事业单位。

新型研发机构具有跨界性,其突出特点是"功能新":新型研发机构关注从"科学"到"技术"、从"技术"到"产业"两大环节,不仅承担科研、人才培养的职能,还具有创业投资和企业孵化等其他功能,技术成果产出、成果转化效益、服务企业能力、企业孵化数量、市场经营效果等经济和社会贡献指标都是评价新型研发机构运行成效的主要指标。

新型研发机构具有混合性,其核心标志是"组织新":新型研发机构在性质上不同于传统事业单位,更多是体制外或混合体制,这种混合性还体现在新型研发机构的建设主体上,往往由政产学研等多个主体联合建设,机构形态多样、投资主体多元、组织设置灵活,既可以是企业、事业单位,也可以是民办非企。

新型研发机构具有灵活性,其内在动力是"机制新":新型研发机构普遍实行理事会领导下的院(所)长负责制,运营管理机制高效自主,用人机制市场化,人才激励手段多样化,研发组织模式科学自主,科技成果生成与转化机制以需求为导向,面向市场,实行开放式创新。它可以调动创新主体各方的主动性和积极性,同时也契合了用市场机制去配置科技创新资源的规律。

(2)建设现状及发展趋势

除了前文提到的深圳清华大学研究院外,从全国来看,还有不少高校与地方合作共建新型研发机构,如 2014 年 8 月注册成立的浙江大学滨海产业技术研究院是由浙江大学与天津市滨海新区人民政府共建的事业法人单位;2015 年 7 月成立的郑州大学产业技术研究院有限公司是由郑州市高新区管委会和郑州大学联合共建的;重庆大学产业技术研究院由重庆大学与九龙坡区共建,是具有独立法人资格的新型科研事业单位,于 2017 年 8 月注册成立;山西智能大数据产业技术创新研究院成立于 2017 年,是由太原理工大学、山西转型综改示范区、北京大数据研究院联合共建的新型科研机构；等等。《南京日报》2018 年有一则报道说，那时落户南京的 182 家新型研发机构中就有 60% 以上新型研发机构由"双一流"高校组建，其中包括清华大学、北京大学、南京大学、东南大学等 32 所国内高校。

新型研发机构作为一种新的研发组织形式，凭借投资主体多元化、管理制度现代化、运行机制市场化、用人机制灵活化的优势，已经成为创新驱动发展的重要力量。在各级政府的大力支持下，新型研发机构呈现星火燎原、遍地开花之势（付耀耀，2021）。据科技部在全国开展的统计调查，2021 年全国新型研发机构已达到 2100 多家。仅从规模上看，新型研发机构已经成长为一股能够和公立科研院所分庭抗礼的力量，在部分经济发达、地方政府财力雄厚的地区，新型研发机构在科研资金、人才素质、硬件水平等方面甚至要超过公立科研院所。可以说，新型研发机构不仅是我国国家创新体系中的一股新兴力量，也是一股兵强马壮的精锐力量，而这股力量，一面继续吸纳着大量的人才、资金，一面也承载着国家（尤其是地方政府）实现创新发展转型的希望（朱常海，2022）。

可以看出，新型研发机构的诞生有深刻的经济社会和技术背景，又因其能调动起创新主体各方活力和动力，盘活体制内资源并与市场进行深度结合，契合了用市场机制去配置科技创新资源的规律，从而得以蓬勃发展。

《中华人民共和国国民经济和社会发展第十四个五年规划和 2035 年远景目标纲要》在第二篇第四章第一节"整合优化科技资源配置"中提出："支持发展新型研究型大学、新型研发机构等新型创新主体，推动投入主体多元化、管理制度现代化、运行机制市场化、用人机制灵活化。"

2021 年 12 月 24 日，第十三届全国人民代表大会常务委员会第三十二次会议修订通过《中华人民共和国科学技术进步法》（以下简称《科技进步法》），自 2022 年 1 月 1 日起施行。这是《科技进步法》自 1993 年 7 月颁布、2007 年 12 月第一次修订之后的第二次修订。新修订的《科技进步法》在第五章最后专门新增一条，肯定了新型研发机构在投入、管理、运行和用人等方面的创新实践，赋予其新型创新主体的法律地位，解决了制约新型研发机构后续发展的"身份"问题。明确国家支持发展新型研究开发机构等新型创新主体，完善投入主体多元化、管理制度现代化、运行机制市场化、用人机制灵活化的发展模式，引导新型创新主体聚焦科学研究、技术创新和研发服务。

在法律和政策的大力支持下，近年来，全国各地都在积极谋划加快建设高水平新型研发机构，以提升区域内的创新体系整体效能。浙江省提出，到2025年将建设新型研发机构500家，在十大标志性产业链和重点领域实现全覆盖。山东省计划每年拨款不超过500万元，支持企业向新型研发机构购买研发服务。河南省鼓励建立新型研发机构，对于新认定的省级以上孵化服务载体且符合条件的，省财政给予一次性资金奖补。山西省提出要打造一批覆盖科技创新全周期、全链条、全过程的高水平创新平台，力争到2025年建成500家新型研发机构，一方面通过将体制内存量的研发机构改造为新型研发机构，另一方面对利用财政资金新设立的研发机构全部按照新型研发机构的标准进行建设，对社会资本参与成立的研发机构，通过政策引导支持其建设为新型研发机构（沈佳，2021）。

值得注意的是，尽管新型研发机构已经成为科技创新的生力军，但在快速发展过程中也出现了重复建设、定位不清、经费不足、运转低效等问题，一些新型研发机构"新瓶装旧酒"，体制机制创新性不强。在未来的发展中需要加强顶层设计，统筹规划布局，健全运行机制，促进规范化发展，避免创新资源的浪费，使新型研发机构真正发挥市场前哨的作用，使之成为国家创新体系新的高地。

五、高校技术转移机构市场化发展建议

高校技术转移机构是连接技术供应方和市场需求方的纽带和桥梁，承担着整合技术、人才、资金、信息、市场等多种资源要素，推动高校技术成果孵化和产业化的重要使命。资源要素的配置需要发挥市场的作用，而目前高校技术转移机构普遍缺乏有效的市场运行机制，依靠行政管理方式进行技术成果的市场运营，效果可想而知。尽管不少高校已经在技术转移机构市场化运营方面做出了积极的探索，但实践效果参差不齐，甚至有"牌子多、成果少""重复建设""异化泛化"的趋向，因此必须跨越体制机制上的障碍，大胆探索，锐意进取，找准定位，探索高校技术转移机构市场化发展路径，对外积极与市场接轨，对内实现市场化管理，不断提升机构的可持续发展能力和专业服务水平。

1. 明确自身的职能定位

第一，高校技术转移机构要增强自我发展能力，实现长期可持续发展，需具有独立性和自主性。独立性强调的是按照有关法律法规和章程制度，规范设立并独立运作，减少无效低效、过多过频、妨碍经营的行政干预；自主性强调的是要真正成为自主经营、自负盈亏、自我发展、自我约束的独立法人实体和市场竞争主体。可以说，独立性和自主性是高校技术转移机构市场化运行的前提条件。

《国务院办公厅关于高等学校所属企业体制改革的指导意见》（国办发〔2018〕42 号）规定"原则上，高校不再新办企业"，建议高校优先盘活现有企业，增加技术转移、知识产权管理的营业范围；现有企业确实不适合的，可在资产经营公司、科技园管理公司下成立独立的技术转移公司；高校科技成果转化少的，可由资产经营公司直接发挥技术转移、知识产权管理作用，并非一定要成立专门的公司。高校应结合本校实际情况开展工作。

理顺技术转移机构与科技管理部门、资产经营部门、财务部门、审计部门等的关系。科技管理部门为技术转移机构提供高水平的技术，技术转移机构是进行技术资产运营的平台，财务部门对其财务状态进行有效的指导及监督，确保国有资产的保值、增值。技术转移机构的管理重心应以市场为导向，整合科技成果评价、知识产权披露、保护、转让、许可、作价投资和无形资产管理、利益分配等相关职能，通过对现有科研管理机构的合并、调整，加强管理资源的整合，构建一个分工明确、信息流畅、适合我国高校科研管理特点、能有效促进科技成果转化，并与市场经济相协调的技术转移管理体系，改变目前高校技术转移管理分散重复的局面。对内，要梳理好高校技术转移管理与现有的科技管理和产业管理的关系；对外，要加强与区域、行业、兄弟院校技术转移机构的沟通和交流。对于实行市场化运作的技术转移机构，可由专业人士联合组建董事会，这样使技术转移机构的市场定位更加清晰，功能更加完善。

第二，高校技术转移机构的功能不能只停留在"管理"的层面，而要突出"经营"的特点。

进一步明晰高校科技成果转化机构的定位与职能发挥方式，在科技成果转化外部环境不断优化的同时，高校自身也需要根据高等教育管理体制和非营利机构的特点，依据法律政策进一步明确高校参与科技成果转化的市场主体地位，调整转化机构的价值取向，使本是市场行为的成果转化按照市场规则来运行，推动其由传统的行政管理模式向市场运营模式转变。要将"经营"理念、方法贯穿技术转移服务的全过程，如遵循市场供求规律、考虑运营成本、参与市场竞争等。要通过组织创新，系统改革成果转化机构、完善多元化人事聘任制度等，建立起有利于人才流动、资源共享的制度体系，使市场导向机制更趋完善，使市场在配置创新资源中的决定性作用得到更充分的显现。

第三，理想的技术转移机构应是覆盖全链条、综合性的。根据《中华人民共和国促进科技成果转化法》（2015年修订）关于科技成果转化的界定，高校转化机构职能应该覆盖整个流程的全环节、全过程。但事实上，在建设发展的初期，不同的科技中介机构其功能定位、运行机制甚至管理体制等各有不同，进而对技术转移的作用方式也有所差异。考虑到实践中不同规模、不同发展阶段、不同领域的企业对技术需求的多样性与层次性，高校可以根据自身情况建立覆盖技术转移全流程、全过程，同时功能偏重于某个重点环节的技术转移机构，如侧重于概念验证、专注于中试熟化或致力于市场对接等。在技术领域定位方面，在立足服务本校的基础上，明确符合本机构实际情况和发展要求的经营理念，如专注某一技术领域、服务某一行业、面向某一区域，选择适合机构本身发展要求的独特商业模式、特色经营项目，并围绕这一定位打造自己的特色和品牌，形成核心竞争力，培养稳定的客户群及长期合作伙伴。

2. 内部市场化和外部市场化

内部市场化是指把市场机制引入高校内部，在学校总体调控之下，使科技成果转化的前后流程、上下环节和存在服务关系的部门、岗位之间，从原来在行政手段推动下的彼此分工协作，变为买卖关系、有偿服务和契约关系，自行调节运行。例如，在科技人才方面，要加强人力资源的开发和利用力度，教师、研究生等作为高校科技资源的主力军，可尝试采取市场化方式对其进行配置和管理，调动科研人员参与技术创新和成果转化的积极性。为挖掘人力资源潜力，在制度上应建立合理的人员合作和流动机制；为充分发挥仪器设备等科技资源的作用，应搭建跨学科、跨机构的合作平台，通过以收益分配为主的市场化激励手段，优化校内资源配置。

高校技术转移机构作为服务机构，可以提供成果转化服务并按市场规则收取费用或占有股份，待发展成熟到机构具有自身"造血"功能后，可按照与学校的约定向学校上缴收益。在机构发展初期，为鼓励本校师生将科研成果委托给本校技术转移机构进行转化，学校可以给一定比例的补贴，或由资产公司代表学校对优秀项目进行投资参股。如果在转化过程中需利用学校资源，技术转移机构也应支付相应的费用。

外部市场化是指在利用高校不具有的外部资源时要遵循市场规律，按市场规则办理。对于刚成立或建设时间不长的高校技术转移机构，覆盖全链条、全过程的职能还不够完善，可以将技术转移中某些比较综合性的、科技人员不太擅长或者因人手不够不便开展的工作，如商业模式和资本模式选取、市场对接、商业运维、基金引入、法律法规审查以及工商手续办理等，全部分离出去，由专门的中介机构来做；同样，转移过程中的技术开发工作也可由专门的研发机构来完成，如委托其他单位的共性技术研发中心或者产业技术研究院等科技创新平台来开展技术熟化。关于这方面，科技部在解读《关于进一步推进高等学校专业化技术转移机构建设发展的实施意见》时也提到，考虑到现阶段高校技术转移机构能力尚不能完全满足需求，鼓励高校聘请社会化专业技术转移机构为高校成果转化提供服务。

除了将部分业务外包外，高校技术转移机构还可以通过市场化手段建立与校外相关机构的业务联系，这些机构包括中试平台、金融机构、地理区域（技术领域）技术转移机构或联盟，这也是实现资源共享，解决当前我国科技资源不平衡所导致的资源不足与闲置浪费共存现象的必然选择。由政府公共财政资金投入产出的公共化的科技资源，无论其表现形式是有形的产品还是无形的服务，都应提供社会共享服务；对于非政府投资、企业所有或私有的科技资源，在健全有关知识产权保护的法律、法规并依法予以保护的基础上，也可以充分利用利益驱动的原则，引入市场机制从而实现其效用的共享。高校技术转移机构外部市场化就是利用这种科技资源的共享机制，在理顺使用者、所有者和管理者的权益关系的基础上，充分利用市场机制创建形成跨部门、跨区域的多层次体系。常见的大型的分析、计量、测绘或实验仪器，稀有的动植物、微生物菌种、标本等自然资源，交通、医药、农业、林业、工业等公共基础行业的数据、标准、专利、图书资料文献等，气象、地质灾害、生态环境等方面的野外观测台站，都应通过市场化运作进入科技资源共享体系（唐泳和赵光洲，2011）。

中试环节是实现科技成果转化与产业化的重要环节，需要借助专业的试验基地，通过必要的资金、装备条件与技术支持，对科技成果进行成熟化处理和工业化考验。高校常常因为缺乏资金或场地，使"中试"和验证面临重重困难，一直是高价值专利产生和转化的短板。一方面，大多数高校，由于人力、物力和财力的限制，要独立建立中试基地不太可能，也不现实；另一方面，我国中试资源还存在分散与闲置的现象，科研单位和企业花费了大量的人力、物力和财力建立起来的中试资源，通常只为自身研究服务，利用率并不高，造成了资源的大量浪费。

国务院在 2015 年 1 月 26 日曾发布《关于国家重大科研基础设施和大型科研仪器向社会开放的意见》，就是为了促进科技资源开放共享，解决分散、重复、封闭、低效的问题，促进资源利用率进一步提高。从广义上来说，中试资源也是一种特殊的科研基础设施，一方面应该根据我国现有中试资源的特点以及相关区域的产业基础，统筹规划布局，按行业、技术特征、试验要求等条件，重点扶持或建设一批专业化的中试资源，完善我国覆盖战略性新兴产业主要领域的中试体系；另一方面，应根据科技成果转化规律，建立中试资源共享机制和市场化的中试利益分配机制，按照中试合同约定分配中试成果产权，推动中试合作有序开展。

实践中，北京经济技术开发区已经对此进行积极探索，在辖区内征集中试基地，推进资源共享。截止到 2020 年 7 月，北京经济技术开发区已挂牌的 13 家中试基地当年上半年服务项目数量近 400 个，合同金额达 4.5 亿元。中试基地不仅补充完善了创新链，成为产业化的一个重要中间载体，满足了产学研各方需要，对承建单位来说也成为一个新的业务增长点。2022 年初，四川省跨高校院所新型中试研发平台在西南交大研究院有限公司正式揭牌，标志着西南交通大学现有中试研发平台将面向全省高校院所与重点企业开展中试研发，是高校技术转移机构市场化运行的有益探索。

3. 完善市场化收益分配机制

高校技术转移机构建设需要大量资金支持，如专业化队伍建设需要"人员经费"；专利申请前评估工作、技术成果营销等都需要"业务经费"。

高校技术转移机构在建设之初，运行资金主要来自政府拨款，比如各级行政主管部门对认定为国家级或省部级的技术转移中心，以及行业协会对行业内技术转移中心以项目形式下拨的建设经费；也有一些学校拨款，包括启动资金、日常办公经费、对优良业绩的奖励，但数额一般较小。因此，政府在高校技术转移机构市场化运营的初始阶段给予支持是十分必要的。例如，欧洲创新驿站在前4年，政府会提供40%—50%的经费，同时地方进行一定经费的配比，最终使技术转移机构获得90%的经费支持，之后经过4年的孵化，技术转移机构基本可以实现正常运营。这种做法值得我国借鉴，使高校技术转移机构在市场化运作之初有充足的经费来组织专业化的技术转移工作，使其能快速驶入畅通发展的轨道。

但依靠政府资助并不是长久之计，一方面，接受政府拨款的技术转移机构几年认定一轮，退坡机制的出台将直接淘汰业绩不佳者；另一方面，仅靠政府拨款基本只能勉强维持，要想发展壮大，必须通过自身的努力实现良性发展；另外，政府"拨改投"的改革趋势也发出鼓励高校技术转移机构"市场化运营"的强烈信号，只有自立自强，才能在竞争激烈的市场环境中生存下去。

因此资金筹措与收益分配机制是技术转移的物质基础，只有建立有序的资金筹措与分配长效机制，技术转移工作才能持续、快速地发展，使高校技术转移机构逐渐由政府"输血"变为自身"造血"，实现自负盈亏，自立发展。

在实施技术转移的过程中，技术转移机构将自己的人力资源、信息资源、平台资源注入到技术成果的产业化过程中，实现其商业价值，其注入的资源产生的增值应该作为技术转移机构的回报，因而分享利益的合理性为其形成自我积累和良性发展机制提供了理论依据。

同时，根据《中华人民共和国促进科技成果转化法》（2015年修订）的相关规定，高校可以结合本校实际情况，在科技成果转化收益中安排一定比例用于技术转移机构的发展。这为高校技术转移机构从收益中获得部分发展资金提供了法律依据。《实施〈中华人民共和国促进科技成果转化法〉若干规定》（国发〔2016〕

16 号）中进一步明确了国家设立的研究开发机构、高校转化科技成果所获得的收入全部留归单位，扣除那些对完成和转化职务科技成果作出重要贡献人员的奖励和报酬后，应当主要用于科学技术研发与成果转化等相关工作，并对技术转移机构的运行和发展给予保障。《科技部 教育部印发〈关于进一步推进高等学校专业化技术转移机构建设发展的实施意见〉的通知》（国科发区〔2020〕133 号）也指出：“高校在有关制度中规定或通过订立协议约定高校、科研人员、技术转移机构各自的权利、义务和责任，按照服务质量、转化绩效确定技术转移机构的收益分配方式及比例。……高校建立技术转移机构绩效评价办法，依法依规确定技术转移机构从事成果转移转化的服务收益”，为技术转移机构通过提供服务取得收益提供了政策支持。也只有这样，高校技术转移机构才能逐步实现向市场化运作的过渡，从建设之初的财政支持，到自收自支，形成良性循环，达到“孵化别人，也壮大自己”的目的。

关于收益分配给技术转移机构的比例，美国高校如斯坦福大学、麻省理工学院的规定是将成果转化收益的15%用于技术转移办公室的日常行政开销，剩下部分由学校、院系和发明人分享。跟这两所美国大学相比，我国高校技术转移机构从收益中提取的比例偏少，这直接影响了技术转移机构的自主性和积极性。根据笔者了解到的数据，只有少数高校规定在收入分配前扣除技术转移机构的管理费，但比例都不超过 15%，这些高校包括武汉大学（15%）（武汉大学，2014）、上海交通大学（8%）（上海交通大学，2016）、华中科技大学（10%）（华中科技大学，2022）、同济大学（10%）（同济大学，2021）、南京工业大学（2%）（南京工业大学，2019）。可以借鉴国外大学的做法，根据前面所提到的相关政策，进一步完善市场化收益分配机制，适当提高技术转移机构提取的收益比例，扩大其自主支配的权利，助力高校技术转移机构的可持续发展。

技术转移机构还可以用获得的收益成立创新基金，用于对那些市场前景可观但不够成熟，不能直接转移的技术进行二次开发、产品试验等。一方面在资金上帮助了优秀技术成果的转化，另一方面注入的资源产生的附加值也可以折价入股或利益提成，实现技术转移机构的自我积累和良性发展。

4. 提高专业服务能力

市场化运行是高校技术转移机构的必然选择，也面临着由市场决定去留的压力，如何在挑战中拥有持久的生命力，是每一个市场化运行的高校技术转移机构所面临的生存大考验。可以说，唯有提高专业服务能力才能在自由竞争中立于不败之地。

专业服务能力指的是什么？《科技部　教育部印发〈关于进一步推进高等学校专业化技术转移机构建设发展的实施意见〉的通知》（国科发区〔2020〕133号）给出了答案："技术转移机构要制定市场化的运行机制和标准化管理规范，建立技术转移全流程的管理标准和内部风险防控制度，鼓励建立质量管理体系。提升专业服务能力。""技术转移机构应具备政策法规运用、前沿技术判断、知识产权管理、科技成果评价、市场调研分析、法律协议谈判等基本能力，逐步形成概念验证、科技金融、企业管理、中试熟化等服务能力。鼓励专业技术转移机构早期介入科研团队研发活动，为科研人员知识产权管理、运用和成果转移转化提供全面和完善的服务。"

（1）加强技术转移流程管理，建立工作规范

建立科学合理、高效有序的工作流程是实现专业化服务的关键，也是规范管理的基础保障，要建立清晰明了、操作性强的成果转化管理办法和操作细则。高校技术转移可分为转让、许可、作价投资三种模式，每种模式都有相应的工作目标和任务。由于每一项技术转移都具有一次性、创新性、独特性的特点，有其明确的起点和终点，受到人力、时间、成本等资源条件的限制，因此可以将项目管理的理论和方法运用到高校科技成果转化管理中，通过业务流程再造，加强风险管理和成本控制，推动高校技术转移向市场化转变，提高技术转移的效率。具体做法是采用工作分解技术，将目标逐层细分为更小、更易管理的子项目或项目要素，创建不同模式下的科技成果转化工作分解结构（Work Breakdown Structure，WBS）；通过科学划分项目阶段，明确里程碑和监控点，制定结构清晰、路径优化的工作流程图，以满足任务分配、监测及控制的目的。

项目前后衔接的各个阶段的全体被称为流程。在高校科技成果转化过程中，同时存在两个流程：一是技术流程，反映的是新技术或新产品的研发过程，体现

为技术目标导向的流程；二是管理流程，是管理工作之间的传递或转移的动态过程。管理流程是技术流程的支持性流程，面向内部管理，目的是实现对科技成果转化进度、成本、质量的控制，使技术成果的经济价值和效益最大化（张娟等，2011）。

工作流程的设计和执行可以确保项目团队养成良好的习惯做法，实现科技成果转化标准化、专业化、制度化管理。2017 年 9 月，国家质检总局、国家标准委批准发布《技术转移服务规范》国家标准，标准号为 GB/T 34670—2017，于 2018 年 1 月 1 日实施，是我国首个技术转移服务推荐性国家标准。《技术转移服务规范》对技术转移通用流程以及技术开发、技术转让、技术服务和技术咨询、技术评价、技术投融资等服务的内容、要求、流程进行了说明，另外，该规范中还有 5 个附录，包括技术转移服务通用流程图、技术评价服务流程图等指导信息。

高校科技成果转化具有特殊性，一般来讲，工作流程首先从了解产业的技术需求开始，然后将需求传递给科研人员，同时搜索在已披露的科研信息中是否已有与需求相匹配的技术成果；然后对技术成果进行判断和评估，决定是否申请专利；接下来进行转让或许可谈判；成熟度不高的科研成果还需争取资金进行中试熟化；与目标企业达成技术转移意向；上报主管部门备案或审批，合同谈判与签订；最后进行收益分配。

目前一些高校已经制定了相关工作流程，取得良好效果，他们的经验值得学习和借鉴。当然，工作流程并非一成不变，需要在实际工作中不断优化和完善。

另外，实现高校技术转移的专业化运作并不强调技术转移过程中所有环节必须由项目组来亲自完成。根据不同项目的实际情况，尤其是在技术转移机构成立初期，技术评估、专利申请、新公司注册等工作可以分包给经验丰富的专业机构，项目组需要做的就是选择专业机构、签订分包合同以及检查督促合同执行。从一定意义上看，这其实也是专业化运作的一种体现。

（2）建立风险防控机制，加强质量管理

强化风险意识、加强风险管理是专业化服务的重要体现。高校技术转移是一项复杂的系统工程，需要高校、企业、政府、社会等各方面的积极投入、有效协调、密切配合才能实现。由于科技成果转化过程本身的复杂性、动态性，高校技术转移过程中存在许多不确定因素。因此要建立风险防控机制，对技术转移过程中的各类风险因素进行有效识别，制定具有针对性的防控措施，保障技术转移过程的合法、合规。

国有资产管理风险和法律风险是科技成果转化过程中可见也可控的风险，建立内部风险防范和监督制度，做好科技成果有效性、成果完成人真实性、受让企业合法性调查，明确关联交易确认标准，落实成果转化尽职免责的有关规定一般可以使风险得到有效控制。技术风险、资金风险、市场风险发生的时间和形式难以事先确定，给风险管理带来了一定的困难，但并不是不可捉摸的，而是有一定的规律可循的。一般而言，实验室阶段的技术风险最大，而资金投入风险相对较小；产品化阶段技术成熟度提高，技术风险下降，但随着资金投入的增加，融资风险相应增加；商品化或产业化阶段，新产品、新技术大量投放市场，技术风险降至最低，此时面临的市场风险最大，同时资金需求旺盛，投资风险也呈增加的态势。另外高新技术成果转化风险较大，而传统行业科技成果转化风险则相对较小。对这些规律的总结和把握，可以帮助技术转移经理控制风险。通过一定的方法控制和管理风险，能够降低风险出现的概率，或减少风险造成的损失程度，把有害的风险减小到最低限度。

同时，建议在技术转移机构内建立一个完整综合的质量管理体系，树立质量意识，无论是研发团队的选择、初创衍生企业管理团队的组建还是技术路线的确定、许可企业的遴选都要"优中选优"，真正做到"强强联合"，并采取合同管理的手段，把质量目标落实到每一个重要环节。

（3）建设高校技术转移专业化人才队伍

成果转化是一项非常专业的工作，需要一支训练有素的、专业化的技术转移工作队伍，《关于进一步推进高等学校专业化技术转移机构建设发展的实施意见》中明确提出：技术转移机构要建立高水平、专业化的人员队伍，其中接受过专业化教育培训的技术经理人、技术经纪人比例不低于70%，并具备技术开发、法律财务、企业管理、商业谈判等方面的复合型专业知识和服务能力。

要把这样一批人才招揽起来从事成果转化这项工作难度大、专业性强的工作，单纯依靠高校科技处、科研院、技术转移中心等校内行政部门现有人员，常常会存在缺编少人、动力不足、能力不够等问题，必须探索灵活的用人制度和激励机制。由于事业编制紧张，建议采取市场化聘用的方式进行人员配备，按企业化管理方式，增加人员聘用、考核、激励等方面的灵活性，弥补体制内用人的不足。

在岗位设置方面，根据国际较为常见的技术转移办公室岗位设置经验，一般有两个模式，即由一名技术经理人全周期管理的模式和一人牵头多个不同职能技术经理人协作的模式。

第一种模式下，单个技术经理人需要履行从发明披露开始到正式签订转化合同以及收益分配等全周期管理职责，这种模式对技术经理人的能力和素质要求非常高，须同时具备法律、金融、市场营销、管理相关知识和较强的市场洞察力、公关能力，熟悉科技与经济规律且具有相关领域工程技术背景和丰富的技术转移管理经验。

第二种模式下，由一名复合型的领军人才牵头，若干名具备技术、投融资、法律、商业谈判等知识和能力且在其中某一方面特别突出的技术经纪人组成团队。牵头人是整个项目的决策者和组织者，在技术转移过程中扮演重要角色，团队成员应了解技术转移流程，能独立完成技术转移过程中某一专项工作，如项目评估、知识产权管理、成果营销和合同谈判、融资孵化等。

由于技术转移工作专业性强、政策性强，对人员知识储备和素质能力要求高。加强高校技术转移人员培训是提高技术转移机构专业化服务能力的重要保障，也是高校技术转移机构当前面临的紧迫任务。目前各省（自治区、直辖市）都有举办技术经理人培训班；还有一些高校在公共管理硕士（MPA）、工商管理硕士（MBA）、工程硕士专业学位下设有技术转移方向，开展学历教育。高校技术转移机构可根据实际需要进行选择，安排或鼓励员工进行培训学习。

除了面向社会招聘配置技术转移专业人员外，用市场化方式对人员业绩进行考核和激励可提高技术转移人员干事创业的热情和积极性，从而有效破解体制内管理方式带来的"干多干少一个样"的困局。因此，用市场化的方式配置、考核和激励从业人员，可以促进专业化队伍建设，不失为一个快速提升技术转移机构专业服务能力的好选择。

一些高校对此已经开始了积极的尝试。例如，清华大学通过外部招聘、内部选派等形式组建了一支由"四类专员"组成的技术转移队伍，包括技术转移专员、知识产权专员、合规风控专员及综合保障人员，并在人员薪酬管控方面较学校职能部门享有一定自由度，即可以适当参照市场标准确定人员薪酬。南京理工大学通过市场化手段组建了一支由海归博士、专利代理人、技术经纪人、律师、财务专家等组成的职业技术经理人队伍，为技术转移提供一站式服务，具体做法是由具有专业技术背景的博士牵头，协同专利代理人、技术经纪人、项目专员一同组建运营小组，围绕学校优势学科开展技术经纪服务，实现懂技术、懂市场、懂法律的团队服务模式。对团队专职人员实行"基本工资+绩效工资+转让贡献奖励"的薪酬体系，将员工的工资与平时工作的"劳"和转化突出贡献的"效"挂钩。这些措施都不同程度地利用市场化运行手段，有效地优化了高校技术转移专业化人才队伍。

第三章 高校技术转移市场化运行的激励机制

激励机制设计是高校技术转移工作的一项核心内容。科学合理的激励机制是调动科技成果转化相关各方积极性、共同参与并完成科技成果转化的重要手段。对于高校技术转移来说，激励对象包括高校、科研人员、技术转移机构、技术经纪人、投资主体、承接企业等，主要的激励手段包括考核评价、赋权改革、宽容的创业环境及良好的职业发展前景，以及对科技成果转化参与各方的奖酬兑现和税收优惠政策，覆盖科技成果转化的全流程。由于投资主体和承接企业本身以追求利益最大化为目标，对其主要采取税收优惠等经济手段进行激励，对技术转移机构的激励措施在第二章已有涉及，本章主要仅对高校、科研人员和技术经纪人的激励机制进行讨论。

一、激励机制设计的基本原则

高校技术转移激励机制是通过建立可行的、符合高校组织需求的、遵循科研人员和技术经纪人职业特点和成长规律的制度，以及采取物质性报酬的方式，形成激励因素集合，以满足技术转移参与各方外在和内在需要，从而达到激发开展技术转移活动积极性的目的。激励机制设计应遵循以下几个原则。

1. 系统性

在激励机制设计中，首先需要考虑的是系统性原则。高校技术转移是一项系统性工程，环节多、流程复杂，且对时效性要求较高，需要各参与主体齐心协力合作才能推动科技成果转化的顺利开展。这些参与主体既有组织也有个人，包括高校、科研人员、技术转移机构、技术经纪人、投资主体、承接企业等，他们在每个环节发挥的作用不同，利益诉求也存在差异，在进行激励设计时要充分考虑这些激励对象的需求，平衡好各参与方的利益关系，只有这样才能有效调动各参与方的积极性和能动性。

2. 方式多元化

对于本章重点讨论的高校、科研人员、技术经纪人等激励对象，应构建分配激励、事业激励、荣誉激励相结合的多元化激励体系。在分配制度设计方面，坚持以按劳分配为主，承认物质利益原则和合理的收入分配差距，贯彻以增加知识价值为导向的分配政策，同时体现出收益与风险相匹配的原则。在事业激励方面，健全符合高校科研人员职业发展路径的激励体系，注重发挥聘期考核、职称晋升等"指挥棒"作用以及发挥允许兼职创业、离岗创业等特殊政策对科研人员的激励作用，为更好地开展科技成果转化工作创造条件。在荣誉激励方面，主要是让从事科技成果转化的人员获得精神上的满足，为自己的工作给社会经济的发展做出了贡献感到骄傲自豪，更多体现的是一种精神激励。

3. 参与约束

激励机制设计要充分考虑参与约束的原则。由于个体都有其自身利益，如果想从所做的某件事情中获得利益，需要付出相应的代价或成本，他就会通过对从事这件事情获得的收益和付出的成本，来跟不参与这项活动而选择做其他事情进行比较，由此来决定是否从事这件事情。因此激励制度设计必须满足给技术转移参与人的激励要大于等于不参与技术转移活动而将时间和精力用于其他工作所获得的收益或效用。

4. 激励相容

激励机制运行的最佳状态是通过较低的成本达到激励相容，即同时实现个人的目标和组织的目标，使个人利益与组织利益达成一致。机制设计理论中的"激励相容"由哈维茨提出，是指在市场经济中，每个理性经济人都会有自利的一面，其个人行为也会从有利于自身利益的角度进行选择，如果能通过制度安排，使行为人追求个人利益的行为，正好与企业实现集体价值最大化的目标相吻合，就实现了"激励相容"。现代经济学理论与实践表明，贯彻"激励相容"原则，能够有效地解决个人利益与集体利益之间的矛盾冲突，让每个参与人在为集体多做贡献的过程中成就自己，即个人价值与集体价值的两个目标实现统一。

二、高校技术转移激励机制的框架及内容

1. 对高校的激励

（1）加强对高校科技成果转化的考核评价

为激发高校开展科技成果转化的积极性和主动性，多项法规提出要加强对高校科技成果转化工作的考核，并要求加大对业绩突出高校的支持和奖励。

《中华人民共和国促进科技成果转化法》（2015 年修订）第二十条规定："研究开发机构、高等院校的主管部门以及财政、科学技术等相关行政部门应当建立有利于促进科技成果转化的绩效考核评价体系，将科技成果转化情况作为对相关单位及人员评价、科研资金支持的重要内容和依据之一，并对科技成果转化绩效突出的相关单位及人员加大科研资金支持。"为开展科技成果业绩评价提供数据，第二十一条要求"国家设立的研究开发机构、高等院校应当向其主管部门提交科技成果转化情况年度报告，说明本单位依法取得的科技成果数量、实施转化情况以及相关收入分配情况，该主管部门应当按照规定将科技成果转化情况年度报告报送财政、科学技术等相关行政部门"。

《国务院关于印发实施〈中华人民共和国促进科技成果转化法〉若干规定的通知》（国发〔2016〕16 号）第五条对提交科技成果转化情况年度报告进行了详细的规定："国家设立的研究开发机构、高等院校应当按照规定格式，于每年 3 月30 日前向其主管部门报送本单位上一年度科技成果转化情况的年度报告，主管部门审核后于每年 4 月 30 日前将各单位科技成果转化年度报告报送至科技、财政行政主管部门指定的信息管理系统。年度报告内容主要包括：①科技成果转化取得的总体成效和面临的问题；②依法取得科技成果的数量及有关情况；③科技成果转让、许可和作价投资情况；④推进产学研合作情况，包括自建、共建研究开发机构、技术转移机构、科技成果转化服务平台情况，签订技术开发合同、技术咨

询合同、技术服务合同情况，人才培养和人员流动情况等；⑤科技成果转化绩效和奖惩情况，包括科技成果转化取得收入及分配情况，对科技成果转化人员的奖励和报酬等。"第十一条规定"研究开发机构、高等院校的主管部门以及财政、科技等相关部门，在对单位进行绩效考评时应当将科技成果转化的情况作为评价指标之一"。高校科技成果转化相关信息将纳入"国家科技管理信息系统公共服务平台"，并将逐步实现共享和公开，为高校科技成果转化绩效评价提供依据。

根据上述法规政策，科技部、财政部于 2017 年启动年度报告制度，2018 年各高校开始填报数据，2019 年出版了第一册《中国科技成果转化年度报告 2018（高等院校与科研院所篇）》。通过每年度的数据填报和统计分析，开展统计监测和绩效评价，高校科技成果转化统计指标体系逐步完善，高校对科技成果转化工作也越来越重视。

"双一流"建设也突出了成果转化工作在我国高水平大学和学科建设中的重要性。国务院 2015 年印发的《统筹推进世界一流大学和一流学科建设总体方案》（国发〔2015〕64 号）明确将"着力推进成果转化"与"建设一流师资队伍""培养拔尖创新人才""提升科学研究水平""传承创新优秀文化"并列为世界一流大学和一流学科建设的五大建设任务；《教育部 科技部关于加强高等学校科技成果转移转化工作的若干意见》（教技〔2016〕3 号）第九条明确提出将"高校科技成果转移转化绩效纳入世界一流大学和一流学科建设考核评价体系"。为落实以上文件精神，进一步突出科技创新的应用导向，强调高校创新资源对经济社会发展的支撑作用，科技成果转化绩效已经被纳入高校"双一流"建设监测和成效评价指标体系。以上举措将对高校主动开展科技成果转化产生积极而深远的影响。

（2）加速"三权"下放，扩大高校自主权

由于高校科技成果大多属于职务发明，按国有资产管理，在过去很长一段时间，高校科技成果的使用、处置一直按照事业单位国有资产管理制度执行，很多涉及职务成果转化的事项需要上级相关部门审批，程序复杂，环节较多，在一定程度上影响了高校开展技术成果转化的积极性。

比如，在对技术转移收益的处置方面，根据 2008 年财政部颁布的《中央级事业单位国有资产管理暂行办法》中的规定，大学的技术转移净收入在扣除支付给成果重大贡献人的奖励后应该上缴中央财政，实行"收支两条线"管理。又如，当中央级事业单位以科技成果对外投资、转让科技成果时，单位价值或批量价值在 800 万元以下的，要由单位主管部门审批，报财政部备案；单位价值或批量价值在 800 万元以上的，由单位主管部门审核后报财政部审批。

考虑到科技成果必须在应用中才能产生价值，具有较强的时效性、不确定性等特点，为从根本上解决相关管理制度不适应成果转化需要的问题，我国自 2011 年起，在中关村国家自主创新示范区开展了中央级事业单位科技成果处置和收益权管理改革试点。2013 年 9 月，改革试点实施范围从中关村扩大到东湖国家自主创新示范区、张江国家自主创新示范区和合芜蚌自主创新综合试验区。试点政策主要内容包括：一是简化科技成果处置的审批程序。将处置科技成果价值在 800 万元以下的由单位主管部门审批、报财政部备案，改为由单位自主处置、报财政部备案；800 万元以上的，仍按原程序经主管部门审核后报财政部审批。二是将处置收益全部上缴中央国库，改为分段按比例留归单位、其余部分上缴中央国库。从实际情况看，试点政策虽有一定成效，但仍存在激励不足、通过拆分科技成果的方式规避审批和收益上缴义务等问题。

在以上试点工作的基础上，2014 年 9 月经国务院批准，财政部、科技部和国家知识产权局又印发了《关于开展深化中央级事业单位科技成果使用、处置和收益管理改革试点的通知》（财教〔2014〕233 号），新一轮的改革试点主要有两方面的重点突破：一是改革了科技成果使用、处置审批管理制度，取消了财政部门和单位主管部门所有的审批和备案要求，将科技成果转化的权利完全授予了试点单位；二是将单位科技成果的处置收入从分段按比例留归单位改为全部留归单位。

随后，2015 年，新修正的《中华人民共和国促进科技成果转化法》从法律角度对高校科技成果转化涉及的相关权利下放予以明确。其中第四十三条，明确"国家设立的研究开发机构、高等院校转化科技成果所获得的收入全部留归本单位"。并在《实施〈中华人民共和国促进科技成果转化法〉若干规定》（国发〔2016〕16 号）中明确规定："国家设立的研究开发机构、高等院校转化科技成果所获得的收入全部留归单位，纳入单位预算，不上缴国库。"

2016 年 3 月，中共中央《关于深化人才发展体制机制改革的意见》（中发〔2016〕9 号）中提出"赋予高校、科研院所科技成果使用、处置和收益管理自主权，除事关国防、国家安全、国家利益、重大社会公共利益外，行政主管部门不再审批或备案"。该文件发出了强烈的解绑减负信号，高校处置科技成果的自主权明显提高。

为落实上述文件精神和"放管服"改革要求，2019 年财政部发布的《关于进一步加大授权力度促进科技成果转化的通知》（财资〔2019〕57 号）中规定，中央级研究开发机构、高校科技成果转化获得的收入全部留归本单位，纳入本单位预算，不上缴国库，主要用于对完成科技成果转化有重大贡献人员的奖励和报酬，以及后续的科技成果转化投入。

除了加强高校科技成果转化的自主权以外，奖励所涉及的工资管理制度也随之进行了改革。按以前的规定，高校用于科技人员奖励的支出部分纳入单位工资总额，并作为单位工资总额基数来核定。为避免单位用于人员奖励的支出部分对单位工资总额基数的挤占，影响单位落实奖励制度的积极性，2015 年修订的《中华人民共和国促进科技成果转化法》和《国务院关于优化科研管理提升科研绩效若干措施的通知》（国发〔2018〕25 号）规定，科研人员获得的职务科技成果转化现金奖励计入当年本单位绩效工资总量，但不受总量限制，不纳入总量基数。但从绩效工资管理实践来看，很多地方和部门反映，不受绩效工资总量限制的操作办法不具体，现金奖励政策难以落地。

为解决这一问题，自 2019 年以来，人力资源和社会保障部、财政部、科技部深入多家高校、科研院所开展调研。基于调研情况，2021 年由人力资源和社会保障部牵头起草了《关于事业单位科研人员职务科技成果转化现金奖励纳入绩效工资管理有关问题的通知》（人社部发〔2021〕14 号），明确了具体的操作办法。

科技成果"三权"下放改革为高校开展科技成果转化松绑减负，符合科技成果特点和科技成果转化规律，反映了权责一致、利益共享、激励与约束并重的设计原则，有效地激发了高校开展技术转移的积极性。

（3）建立尽职免责制度，减少后顾之忧

国家在下放高校科技成果使用权、处置权、收益权的同时，开始探索建立高校科技成果转化尽职免责制度。顾名思义，尽职是指做好职责范围内应做的事；免责是指发生责任事件后，根据法律或其他规定，免除相关人员的责任。这是因为高校里的科技成果属于职务科技成果，需按国有资产管理的要求实现保值增值。

但科技成果作为"智力成果"，其技术属性决定了在赋权、价值评估、收益分配等环节充满了不确定性，简单来说，同样一个科技成果，在不同人眼里其价值是不同的；而且，科技成果具有时效性，一般来讲随着时间推移和替代技术的进步，市场价值会降低。科技成果的这些特性让高校相关管理者在转化中不免心存顾虑。

为减少这种顾虑，2016 年 3 月发布的《实施〈中华人民共和国促进科技成果转化法〉若干规定》第十条规定"单位领导在履行勤勉尽责义务、没有牟取非法利益的前提下，免除其在科技成果定价中因科技成果转化后续价值变化产生的决策责任"；2016 年 8 月，《教育部 科技部关于加强高等学校科技成果转移转化工作的若干意见》（教技〔2016〕3 号）第三条指出"建立健全科技成果转移转化工作机制"，在要求"建立科技成果转移转化重大事项领导班子集体决策制度"和"建立科技成果使用、处置的程序与规则"的基础上，提出"科技成果转化过程中，通过技术交易市场挂牌、拍卖等方式确定价格的，或者通过协议定价并按规定在校内公示的，高校领导在履行勤勉尽职义务、没有牟取非法利益的前提下，免除其在科技成果定价中因科技成果转化后续价值变化产生的决策责任"。

2020 年 5 月，科技部、国家发展改革委、教育部、工业和信息化部等 9 部门印发《赋予科研人员职务科技成果所有权或长期使用权试点实施方案》（国科发区〔2020〕128 号），提出了试点单位领导人员履行勤勉尽职义务，严格执行决策、公示等管理制度，在没有牟取非法利益的前提下，纪检监察、审计、财政等部门要实行审慎包容监管，以是否符合中央精神和改革方向、是否有利于科技成果转化作为对科技成果转化活动的定性判断标准。再次强调了高校科技成果转化中的尽职免责相关内容。

建立尽职免责机制已经成为政策共识，一些高校制定了本校的尽职调查程序和管理办法。例如，清华大学制定《清华大学科技成果处置尽职调查办法》，对成果处置标的技术情况、技术受让人情况、交易方案、审批程序等进行尽职调查；大连理工大学完善了管理流程，更加注重关键环节的风险防控；浙江大学明确了关联交易的范围，并制定了审批细则，建立了有效的风险防控机制（教育部科技司，2020）。尽职免责因其明确划分了职责范围和权限，又能在执行过程中建构一定风险承受的空间，从而鼓励和保护相应人员的担当作为。但仍然有不少高校以原则性要求为主，对于相关行为如何界定、相关程序如何执行缺乏可量化的标准和可实施的细则，导致在实际执行中缺乏一致性和可操作性。建议由相关部门共同出台科技成果转化领域尽职免责有关制度，建立相对统一的程序和标准，完善申请、调查、认定、实施甚至仲裁等流程；此外，尽职免责程序还应与容错机制结合起来，在科学界定"责任"的同时，也应确定合理的损失范围和容错空间，如果事事都要进入尽职免责调查程序，不仅会增加管理成本，也起不到鼓励尝试和创新的作用（蔺娜和龚可唯，2021）。

2. 对科研人员的激励

（1）职务科技成果赋权改革

产权制度是市场经济体制的基石，只有产权界定清晰，利润归属才能明确，如果产权界定不清，则会削弱某一方甚至多方的积极性，甚至产生激励错配和道德风险。高校的科技成果是科研人员在执行工作任务时利用了学校的物质技术条件所形成的，属于职务科技成果，因此高校的科技成果所有权的界定是一个比较复杂的问题，处理得是否恰当，不仅关系到科研活动的活跃度、科技成果的质量与水平，也关系到科技成果转化的效果及其应用推广的广度和深度。

其实，从 2011 年在中关村国家自主创新示范区开展科技成果处置和收益权管理改革试点开始，围绕着国家、高校和科研人员对职务科技成果的所有权、使用权、处置权和收益权的权力边界是如何划分的研究和讨论就一直不断，直到 2015 年 10 月《中华人民共和国促进科技成果转化法》修正并施行，以及各地方围绕该法出台了具体的实施意见和转化条例，这个问题才逐渐有了新的法律和制度依据。2020 年 5 月，科技部、国家发展改革委、教育部、工业和信息化部等 9 部门印发《赋予科研人员职务科技成果所有权或长期使用权试点实施方案》（国科发区〔2020〕128 号）的通知，提出试点单位可赋予科研人员不低于 10 年的职务科技成果长期使用权，最为核心的所有权问题终于有了更清晰的"官宣"。这是我国深化科技成果使用权、处置权和收益权的重大改革，对进一步激发科研人员创新热情，促进科技成果转化将产生深远意义。

此次开展赋予科研人员职务科技成果所有权或长期使用权试点，源于之前一些高校、科研院所和地方的改革尝试，是对所有权改革试点的正式肯定。早在 2014

年《财政部 科技部 国家知识产权局关于开展深化中央级事业单位科技成果使用、处置和收益权管理改革试点的通知》（财教〔2014〕233 号）印发后，教育部就组织清华大学等 11 所高校开展"三权改革"试点，形成了一系列良好的经验和做法。其中，西南交通大学就是以科技成果权属为突破口，通过探索职务科技成果权属混合所有制改革，在全国高校率先以产权来激励职务发明人进行科技成果转化。一是充分利用《中华人民共和国促进科技成果转化法》（2015 年修订）赋予高校的科技成果处置权和奖励权，对"职务科技成果权属混合制改革"进行设计，出台《西南交通大学专利管理规定》，从学校制度层面确认了职务发明人对职务科技成果的所有权，将职务科技成果的"纯粹国有制"变成"国家和个人混合所有制"，使职务发明人"晋升"为与学校平等的共同专利权人，从"分粮"变为"分地"。二是大力实施科技成果所有权确权行动，建立了科学确定所有权比例的原则和确权程序。一方面，对既有专利权进行分割，学校根据职务发明人提出的奖励申请与其签订奖励协议，并在知识产权局将专利权由学校单独所有变更为学校和职务发明人共同所有。另一方面，对新申请的专利由学校和个人按 3∶7 的比例进行分割，学校根据与职务发明人的协议约定，对审查中的专利追加职务发明人为共同申请人，对尚未申请的专利则与职务发明人共同申请、共同所有。通过改革，有力推动了以机构为中心的创新模式向以团队为中心的创新模式的转变，极大激发了科研人员从事创新创造的热情和动力（张明喜，2020）。

一些地方也在积极探索。比如，2019 年 3 月上海出台的《关于进一步深化科技体制机制改革增强科技创新中心策源能力的意见》（沪委办发〔2019〕78 号）（简称"科改 25 条"）中明确将"改革科技成果权益管理"作为一项改革任务，指出"在不影响国家安全、国家利益和社会公共利益的前提下，探索开展赋予科研人员职务科技成果所有权或长期使用权的改革试点。允许单位和科研人员共有成果所有权，鼓励单位授予科研人员可转让的成果独占许可权"。

职务科技成果赋权改革体现了"科技成果只有转化才能真正实现创新价值、不转化是最大损失"的理念。一方面，解决了单位既不将职务科技成果的相关权利让渡给科技成果完成人，又怠于实施转化的情况，赋予科研人员所有权或一定条件下的自主实施转化权，可以避免科技成果转化错失良机；另一方面，职务发明由于存在发明人与权利人分离的问题，容易造成"道德困境"，发明人为避免在转化过程中承担的责任和风险选择有成果而不转化，或是从利益最大化考虑，将价值一般、难以转化的发明提交学校申请专利，而有产业前景的高价值技术则通过各种渠道绕开单位私自申请或者直接转让给企业。将职务发明所有权赋予发明人符合激励机制的参与约束原则，也有利于技术成果发明人主动、自愿披露自己的最新成果，积极开展科技成果转化。

通过赋予科研人员职务科技成果所有权或长期使用权，进一步完善了科技成果转化激励机制。期待首批试点单位通过 3 年的改革实践，形成可复制、可推广的经验和做法，推动完善相关法律、法规和政策措施。同时在改革的过程中要注意强化科技成果知识产权保护，只有知识产权情况明晰的科技成果才会得到市场的认可，才能在转化过程中充分体现其创新价值。

（2）突出市场价值的评价导向

在过去很长一段时间，无论是职称评定、绩效考核、人才招聘，还是学科评估、资源配置、大学排名等方面，论文、专利、项目、获奖等情况一直是考察的重点，而科技成果带来的社会经济效益因具有滞后性、不易量化等原因往往被忽视。不少科研人员申报项目时更关注科学原理的发现和应用，并没有将解决某个生产技术问题作为主要目的，因此在进行课题设计时也没有进行转化的主观意图，只考虑怎样能把项目申请下来，争取在理论研究上有所突破。很多科研项目的立项管理部门也没有明确将成果转化作为结题的硬性规定，因而相当多的课题在申报时没有考虑是否能转化的问题，即使课题申报中有转化的内容，研究的成果也可以转化，但在课题结项或鉴定后，也没有动力去考虑转化，而将精力用于考虑申请新的科研项目，这就导致我国高校的科技成果大多以论文和专利的形式存在，难以满足直接转化的需求，造成高校科技成果供给端与市场需求之间产生错位。

从科技成果供给端选题方向来看，在对科研人员评价的"唯论文、唯帽子、唯职称、唯学历、唯奖项"的指挥棒下，科研选题难以深入考虑市场需求，导致研发过程与市场脱节，形成大量束之高阁的科技成果。从专利质量来看，我国的申请和授权数量多年均保持世界第一，但事实上，一些专利不是为转化而申请知识产权保护，而是为了考核和评职称，重数量、轻质量，既消耗了政府资源，浪费了社会人力物力，还拉低高价值专利的占比，影响了我国整体专利质量，导致有效专利许可、转让数量较低，难以形成转化效益。从承接企业转化成效来看，大量成果技术成熟度低，面临较高的市场风险，难以形成对企业的有效技术支撑。

高质量的科技成果是保障科技成果转化的前提，要鼓励高校科研人员产出高质量、能转化的科技成果，必须充分发挥评价考核这个指挥棒的引导作用，扭转这种"数量至上"以及急功近利的局面，坚持市场导向。一是鼓励高校科研人员科研工作要面向市场，解决实际问题；二是对科研人员的激励要体现成果的价值，与市场认可度、应用前景和创造的经济价值联系起来，逐步建立有利于成果转化的评价导向。

2016年3月，中共中央《关于深化人才发展体制机制改革的意见》（中发〔2016〕9号）中提出要实施分类评价，对不同人才采取不同的评价方法，克服唯学历、唯职称、唯论文等倾向，不能将论文等作为评价应用型人才的限制性条件。根据这一文件精神，结合深化高等教育领域综合改革，2016年8月，教育部印发了《关于深化高校教师考核评价制度改革的指导意见》（教师〔2016〕7号），强调要完善科研评价导向和科研成果转化业绩的考核，建立政策联动机制；大力促进教师开展科研成果转化工作，保障教师在科技成果转化中的合法权益；改变在职称（职务）评聘、收入分配中过度依赖和不合理使用论文、专利、项目和经费等方面的量化评价指标的做法。2016年12月中共中央办公厅、国务院办公厅印发了《关于深化职称制度改革的意见》（中办发〔2016〕77号），该意见第（九）条规定，注重考核专业技术人才履行岗位职责的工作绩效、创新成果，增加技术创新、专利、成果转化、技术推广等评价指标的权重，将科研成果取得的经济效益和社会效益作为职称评审的重要内容。

2017年《国务院关于印发国家技术转移体系建设方案的通知》（国发〔2017〕44号）中再次提出建立以科技创新质量、贡献、绩效为导向的分类评价体系，扭转唯论文、唯学历的评价导向，把科技成果转化对经济社会发展的贡献作为科研人员职务晋升、职称评审、绩效考核等的重要依据，不将论文作为评价的限制性条件，引导广大科技工作者把论文写在祖国大地上。

2018年中共中央办公厅、国务院办公厅印发的《关于分类推进人才评价机制改革的指导意见》（中办发〔2018〕6号）中与科技成果转化有关的改革内容包括：在评价方式上，应用研究和技术开发人才突出市场评价，由用户、市场和专家等相关第三方评价；在评价指标体系方面，对主要从事应用研究和技术开发的人才，着重评价其技术创新与集成能力、取得的自主知识产权和重大技术突破、成果转化、对产业发展的实际贡献等。中共中央办公厅、国务院办公厅印发的《关于深化项目评审、人才评价、机构评估改革的意见》（中办发〔2018〕37 号）在坚持分类评价的基本原则中指出，应用技术开发和成果转化评价要突出企业主体、市场导向，以用户评价、第三方评价和市场绩效为主。2019 年，人力资源和社会保障部、科技部印发《关于深化自然科学研究人员职称制度改革的指导意见》（人社部发〔2019〕40 号），要求将成果转化绩效作为职称评审的重要内容。

2020 年初，教育部联合国家知识产权局、科技部印发《关于提升高等学校专利质量　促进转化运用的若干意见》（教科技〔2020〕1 号），进一步突出了高质量专利等科技成果转移转化在各类评价、评估活动中的重要地位，明确规定"高校要以质量和转化绩效为导向，更加重视专利质量和转化运用等指标，在职称晋升、绩效考核、岗位聘任、项目结题、人才评价和奖学金评定等政策中，坚决杜绝简单以专利申请量、授权量为考核内容，加大专利转化运用绩效的权重"。

综合上述文件看，对科技人员的评价改革已经达成以下政策共识：一是分类评价，坚持以质量、贡献、绩效为评价导向，对从事不同科技活动的科技人员采取不同的评价方式和评价指标体系。二是对应用研究和科技成果的评价，采用市场评价方式。三是对应用研究的评价，科技成果转化是重要的评价指标；对科技成果转化的评价，取得的经济社会效益是重要的评价指标。但由于科技成果评价机制不完善，还存在评价体系不健全、指标单一，评价主体不明确以及评价的标准化、规范化不够等问题，导致评价结果不能全面客观地反映科技成果价值，上述政策文件精神落实起来难度较大，对提高科研人员积极性，产出高质量成果，促进科技成果转化的效果不太明显。

2020 年 10 月，中共中央：国务院印发《深化新时代教育评价改革总体方案》，将多年呼吁的"破五唯"真正推向了改革的拐点。2021 年 8 月，国务院办公厅印发《关于完善科技成果评价机制的指导意见》，围绕科技成果"评什么""谁来评""怎么评""怎么用"，作出了明确的工作安排部署。关于科技成果市场化评价的内容在本书第五章有专门讨论，这里不再赘述。期待通过科技成果评价改革破解长期以来科技成果评价面临的困境，真正发挥评价的指挥棒作用，解决改革落地难问题，切实把以科技创新质量、绩效、贡献为核心的正确评价导向贯彻下去，更好地激发科技人员的积极性和创造性。

（3）转化收益分配制度改革

创新驱动实质上是人才驱动，人力资本是最重要的资本，所有的激励政策都应该以人为出发点和落脚点。长期以来，科研人员的智力劳动与收入分配不完全对等、股权激励等对创新具有长期激励作用的政策缺位、内部分配机制不健全等问题影响了高校科研工作者主动参与科技成果转化的积极性，亟须通过发挥收入分配政策的激励导向作用，按照按劳分配、收益与风险匹配的原则，让科研工作者的智力劳动获得合理的回报，使科研人员的收入与其创造的科学价值、经济价值和社会价值紧密联系，充分体现其智力劳动的价值。

虽然我国 1996 年发布的《中华人民共和国促进科技成果转化法》就规定，如果高校将成果转让给他人，应从转让所得净收入中提取不低于 20% 的奖励给完成该项科技成果及对转化做出重要贡献的人员。《国务院办公厅转发科技部等部门关于促进科技成果转化若干规定的通知》（国办发〔1999〕29 号）也对奖励制度作了更为具体的规定。但由于各种原因，对科技人员的奖励制度在部分单位没有得到完全落实，影响了科研人员参与科技成果转移转化的积极性（财政部，2014）。

为进一步调动科研人员的积极性，落实科研人员的奖励制度，2014 年 9 月印发的《财政部 科技部 国家知识产权局关于开展深化中央级事业单位科技成果使用、处置和收益管理改革试点的通知》（财教〔2014〕233 号）明确要求试点单位制定科技成果转移转化收入分配和股权激励方案，且对发明人、共同发明人的奖励不得低于有关法律法规规定的最低比例。同时规定以科技成果作价投资，用于奖励人员的股权超过入股时作价金额 50% 的，按国家促进科技成果转移转化的有关规定，由单位职工代表大会讨论决定。

2015 年修正后的《中华人民共和国促进科技成果转化法》将这一最低比例标准从 20% 提高到 50%，规定高校如果没有与科研人员约定报酬和奖励的，无论是转让、许可他人实施的，还是以成果作价投资的，都必须以转让、许可净收入或者科技成果形成股份或出资比例中不低于 50% 的部分奖励给科研人员。

依据新修订的《中华人民共和国促进科技成果转化法》，2016 年《教育部 科技部关于加强高等学校科技成果转移转化工作的若干意见》（教技〔2016〕3 号）规定高校依法对职务科技成果完成人和为成果转化作出重要贡献的其他人员给予奖励，且奖励的份额不低于所取得的净收入总额的 50%。实际上，许多高校对成果发明人的奖励已经远远超过这一比例，甚至超过 90%。根据阿里云创新中心整理的一流高校相关数据，大多数高校都规定将以技术转让、许可或者作价投资等方式取得（净）收益的 70%—80%分配给科研人员，也有少数高校制定了更高的奖励标准。比如，东北大学规定，以许可方式实施的项目，合同额小于 1000 万元时，成果完成团队提取比例为 90%；合同额大于 1000 万元时，成果完成团队提取比例为 92%。另外，还有少数高校制定了低于 70%的奖励标准。比如，上海交通大学规定以作价投资方式实施的项目，科技人员获得的收入份额为 60%。总之，所有大学奖励科技人员的标准不但符合"不低于 50%"的法律规定，而且都明显地超过了 50%。

实行以增加知识价值为导向的分配政策是十八届五中全会提出来的，也是中央全面深化改革领导小组确定的一项重点任务。2016 年 11 月，中共中央办公厅、国务院办公厅印发了《关于实行以增加知识价值为导向分配政策的若干意见》（厅字〔2016〕35 号），"鼓励科研人员通过科技成果转化获得合理收入。积极探索通过市场配置资源加快科技成果转化、实现知识价值的有效方式。……对从事应用研究和技术开发的人员，主要通过市场机制和科技成果转化业绩实现激励和奖励。……坚持长期产权激励与现金奖励并举，探索对科研人员实施股权、期权和分红激励"。可以看出，文件的基本思路是发挥市场机制的作用，让市场来评价贡献并按贡献进行分配，坚持现金激励与股权激励等长期激励并举，使科研人员收入与岗位责任、工作业绩和实际贡献相匹配，主要目的就是在全社会形成知识创造价值、价值创造者能够得到合理回报的良性循环。

对于科研人员技术成果转化的奖励，国家还规定了税收优惠。对于现金奖励，财政部、（国家）税务总局、科技部印发的《关于科技人员取得职务科技成果转化现金奖励有关个人所得税政策的通知》（财税〔2018〕58 号）规定职务科技成果转化现金奖励收入可减按 50%缴纳个人所得税，解决了科研人员长期反映的成果转化现金奖励税负较重问题。对于通过作价投资方式转让的，以前在科技成果确定股权的过程中分两步纳税，这个比例比较高，按照《中华人民共和国个人所得税税法》规定，税率最高达 45%，而且还没有现金收入就要交很大一笔税款。2016 年 9 月财政部、国家税务总局《关于完善股权激励和技术入股有关所得税政策的通知》（财税〔2016〕101号）将两步纳税合并成一步纳税，规定高校转化职务科技成果以股份或出资比例等股权形式给予科技人员个人奖励，暂不征收个人所得税，而是在取得现金环节纳税，或者上市了可以转让，或者没上市在进行股权转让获得现金的时候纳税，按股权转让收入减去技术成果原值和合理税费后的差额计算缴纳所得税。而且特别明确了科研人员和机构有选择权，如果选择延迟纳税的话，一次纳税税率按20%，上述优惠政策大幅降低了发明人现金奖励和技术成果投资入股的税收负担，是促进科技成果转化的一个非常好的制度安排。

对以上法规政策的梳理可以清晰地反映出高校职务科技成果转化收益分配制度的改革内容及其发展脉络，不论是对科研人员奖励比例的提高还是完善股权奖励等长期激励，其目的都是发挥市场在资源配置中的决定性作用，鼓励科研人员通过科技成果转化获得合理收入，使科研人员收入与实际贡献相匹配，以此激发高校科研人员的积极性、主动性和创造性，对形成长期可持续的科技成果转化机制具有重要意义。

（4）校外兼职和离岗创业

让高校科研人员深入企业、深入市场，了解和掌握企业所需、市场所求，有助于拉近技术成果供给方和需求方的距离，能够有效激发科研人员开展创新创业和科技成果转移转化的活力，而校外兼职和离岗创业是高校科研人员深入了解市场的一个好的选择。

近几年，为鼓励创新创业，国家在出台的相关政策中都列有专门条款，从高校管理、人才工作、薪酬管理等多个角度，全方位支持高校科研人员采取校外兼职或离岗创业的形式从事成果转化活动。2016年2月，国务院印发的《实施〈中华人民共和国促进科技成果转化法〉若干规定》（国发〔2016〕16号）中提出，高校科技人员在履行岗位职责、完成本职工作的前提下，经征得单位同意，可以兼职到企业等从事科技成果转化活动，或者离岗创业，从事科技成果转化活动，原则上在不超过3年时间内为其保留人事关系。

2016年3月，《中共中央关于深化人才发展体制机制改革的意见》（中发〔2016〕9号）第二十二条"鼓励和支持人才创新创业"中要求"研究制定高校、科研院所等事业单位科研人员离岗创业的政策措施。高校、科研院所科研人员经所在单位同意，可在科技型企业兼职并按规定获得报酬。允许高校、科研院所设立一定比例的流动岗位，吸引具有创新实践经验的企业家、科技人才兼职。鼓励和引导优秀人才向企业集聚"。

2016 年 11 月，中共中央办公厅、国务院办公厅印发的《关于实行以增加知识价值为导向分配政策的若干意见》（厅字〔2016〕35 号）中除了允许科研人员到企业等其他单位或组织机构兼职和离岗从事科技成果转化等创新创业活动外，还规定"兼职或离岗创业收入不受本单位绩效工资总量限制"。

为加强对兼职创新和离岗创业人员的规范管理，2019 年 12 月，人力资源和社会保障部下发了《关于进一步支持和鼓励事业单位科研人员创新创业的指导意见》（人社部发〔2019〕137 号），专门对高校等事业单位科研人员离岗创业、兼职创新、在岗创业等情况下有关职称评审、考核奖励、社会保险、岗位管理等方面提出了具体的意见。

在立法层面，2021 年修订的《中华人民共和国科学技术进步法（2021 修订）》（中华人民共和国主席令第 103 号）规定："利用财政性资金设立的科学技术研究开发机构和高等学校的科学技术人员，在履行岗位职责、完成本职工作、不发生利益冲突的前提下，经所在单位同意，可以从事兼职工作获得合法收入。"为高校科研人员校外兼职提供了法律依据。

在这些法律政策的支持下，一些高校纷纷制定了相关制度，规范了校外兼职、离岗创业的审批流程和相关管理办法。

比如，《清华大学教职工校外兼职活动管理规定》的文件里，对校外兼职分类与审批、校外兼职时间与取酬、与科技成果转化有关的离岗创新创业管理、相关责任等内容进行了说明。①从事校外兼职应由本人申报，经所在二级单位审核同意，报人事处审批。原则上不得在企业担任法定代表人、董事长、经理、财务负责人、执行董事等重要职务，不得作为企业的实际控制人。兼职时间原则上每周不超过 1 天，全年累计不超过 22 天。②校外兼职情况纳入教职工年度考核内容，教职工于每年年底如实向学校报告全年兼职情况，由二级单位在本单位范围内进行公示。③教职工离岗创业，由本人提出书面申请，所在二级单位在保证学校教育教学、科学研究等任务顺利完成的基础上，根据学科发展和科技创新需要，依据学校知识产权管理领导小组批准的科技成果处置方案，并结合本单位实际情况提出审核意见，报学校审批；经学校批准后，教职工可以离岗从事科技成果转化等创新创业活动。④离岗创新创业时间原则上不超过三年，且不得超过聘用合同期限；不得从学校和校外聘用单位同时获得报酬。创业期满或本人提出提前回校，由所在二级单位按照规定进行岗位聘任。

又如，浙江工业大学对离岗创业期限、职称评聘、养老保险等做如下规定。①离岗创新创业的期限一般不超过 5 年，最多续签一次，两次期限累计不超过 6 年。②在专业技术职务评聘、岗位等级晋升、年度考核等方面将离岗创业期间取得的科技开发、技术应用、成果转化等业绩作为重要依据。③允许离岗创业人员在养老保险问题上拥有选择权，可按规定继续参加事业单位社会保险，也可选择在企业所在地参加社会保险。④审批流程一般为：个人填写《浙江工业大学离岗创业申请表》，详细说明离岗创业去向及创业项目说明，经所在部门同意并签署意见，人事处处务会讨论、签署意见后，上报学校党委会审议通过，向浙江省人力资源和社会保障厅报备，最后学校与个人签订离岗创业协议。

以上两所高校的做法均在《教育部科技司关于印发首批高等学校科技成果转化和技术转移基地典型经验的通知》（教科技司〔2020〕70 号）中介绍推广。

在政策的鼓励和支持下，一些由高校科研人员离岗创业或兼职创业的公司陆续上市，如奥精医疗科技股份有限公司、华卓精科科技股份有限公司、北京理工导航控制科技股份有限公司、华海清科股份有限公司等。这些成功案例有力地说明了科技人员兼职或离岗从事科技成果转化符合我国创新发展的需要，符合市场机制对创新资源配置的规律，有利于盘活智力资源、科技资源，有利于激发广大科技人员从事科学研究开发和技术创新的积极性、主动性，有利于高校、科研机构、企业间创新资源自由有序地流动。

3. 对技术经纪人的激励

与创造科技成果的核心科研人员一样，助推科技成果转化的技术经纪人也是技术转移链条中创造性劳动的主要提供者，也是知识价值增加的"关键贡献者"。《国务院关于印发国家技术转移体系建设方案的通知》（国发〔2017〕44 号）将技术转移人才与技术转移机构定位在国家技术转移体系布局中的"基础架构"层面，是技术转移体系的重要支撑。但在比较长的时期内，高校更关注提供科技成果的科研人员，而忽视成果转化的其他主体，对从事技术转移工作的技术经理人、技术经纪人普遍不够重视，对技术转移人员在薪酬、职级职称晋升等方面支持不足，影响了其作用的发挥，也不利于高校技术转移队伍的稳定。

一种职业的长期存在，至少应具备两个条件：一是能够形成梯级的职业发展通道，即有晋升的空间；二是通过自身的努力，能够形成稳定的收入来源。为此，要吸引优秀人才从事技术转移工作，稳定技术经纪人队伍，需从上述两个方面改进。

（1）增进职业认同，畅通职业发展和晋升通道

技术经纪人是随着科技与经济不断融合而产生的新兴职业，伴随着我国科技创新快速发展和建设创新型国家的需要逐渐进入到大众的视野。技术经纪人作为技术市场中的重要角色，承担着挖掘、跟踪高价值科技成果，使其成功对接市场，完成科技成果转化的重要责任。早期的技术经纪人，以兼职为主，一些科技管理人员和离退休的科技人员利用自己的工作经验和熟人资源为技术交易的买卖双方牵线搭桥，对我国技术市场的形成和繁荣起到了积极的促进作用。随着技术市场的发展和规范，20 世纪 90 年代，国家对专职从事技术市场活动的人员实行持证上岗制度，并于 1997 年颁布了《技术经纪人资格认定暂行办法》，这一新兴职业开始出现在人们的视野里。作为我国第一部对技术经纪人资格进行认定的全国性法规，《技术经纪人资格认定暂行办法》里将技术经纪人定义为在技术市场中以促进成果转化为目的，为促成他人技术交易而从事中介居间、行纪或代理等，并取得合理佣金的经纪业务的公民、法人和其他经济组织。可以看出，那时的技术经纪人主要从事技术中介服务，真正从事科技评估、知识产权保护、风险投资、法律咨询等业务的很少。

技术经理人是欧美发达国家对技术转移专业人员的称谓，其业务范围包括发明披露、发明评估、专利申请、市场营销、签署许可协议等环节。近年来，这一概念引入我国并被越来越广泛地采用，除了与国际接轨外，更深层次的原因在于：随着技术市场的不断完善以及互联网技术的发展，技术情报的披露和获取越来越便捷，技术供需双方由信息不对称而造成的对技术中介的依赖得到极大改善；同时，随着全球科技竞争的加剧，产品的生命周期在缩短，技术由开发到商业化应用的进程也相应地加快，需要技术转移服务人员更多地参与到技术转移前期的策

划、调研、评估，中期的融资、中试，以及后期的市场化和产业化的组织和实施中，而不仅仅是围绕技术交易签约进行中介和代理服务。

在 2018 年 12 月召开的国务院常务会议上，李克强总理明确指出要"强化科技成果转化激励"，"引入技术经理人全程参与成果转化"。可以看出，相比传统的技术经纪人，技术经理人在技术创新链条上的参与，无论是在广度还是在深度上都有很大的不同，因而对其能力和素质也提出了新的更高要求。

根据中华人民共和国人力资源和社会保障部 2022 年 9 月颁布的《中华人民共和国职业分类大典（2022 年版）》，技术经理人已作为新职业纳入第二类"专业技术人员"，其定义也被明确，即"在科技成果转移、转化和产业化过程中，从事成果挖掘、培育、孵化、熟化、评价、推广、交易并提供金融、法律、知识产权等相关服务的专业人员"。

可以看出，高校科技成果转化引入技术经理人这一市场角色是希望能从技术经理人角度出发，以市场为导向，转变高校科技成果转化工作的传统视角，创新科技成果转化工作流程，提升高校在科技成果转化过程中的主观能动性，促进高校科技成果转化工作主动对接市场，从而有效解决高校科技成果转化中的市场缺失问题，从源头上加强高校科技成果的专利导向和高价值科技成果的储备。

技术转移活动横跨科技和经济两大领域，创新性强，风险性高，是一种智力密集、附加值高的富有开创性和挑战性的活动，要求从事技术转移工作的人员，不仅具备法律、金融、价值评估、市场营销、管理及相关专业技术等全面的知识结构，还需要将这些知识加以融会贯通，应用到技术前景预测、科技成果评估、法律咨询、投融资服务等具体业务中。可见技术经理人是一个专业性非常强，对知识背景和综合能力要求很高的职业，要吸引优秀人才加入到技术经理人队伍中，必须增强其职业归属感和价值感，并使其对未来个人职业发展充满希望，只有这样，才能吸引人才、留住人才。

第一，要设置高校技术转移专职岗位。

2016 年公布的《国务院办公厅关于印发促进科技成果转移转化行动方案的通知》（国办发〔2016〕28 号）中明确提出："支持和鼓励高校、科研院所设置专职从事技术转移工作的创新型岗位，绩效工资分配应当向作出突出贡献的技术转移人员倾斜。"《国务院关于印发国家技术转移体系建设方案的通知》（国发〔2017〕

44 号）中再次强调了这一要求。高校是人才聚集地，最不缺少的就是各种人才，高校要充分利用自身人力资源的优势，挑选对技术转移转化有兴趣的师生进行培养，也可以通过校外引进，吸纳具有丰富技术转移经验的技术经纪人加入学校。由于技术经纪人本身是一个市场角色，应该遵循市场规律，允许高校通过市场自主择人和人才进入市场自主择业，按照人才的市场供求关系，通过实现人才自身价值与满足社会需求相结合，有效解决人才供求矛盾。同时，要发挥市场配置人才资源的优势，引导高校转换用人机制，突破体制性障碍，以公开、平等、竞争、择优为导向，积极参与市场竞争。

高校还应重视建立相应的规章制度来有效激发技术经理人的工作热情。例如，可以通过制定技术经理人管理制度来明确他们在科技成果转化中的岗位职责，制定相应的技术经理人奖励办法来激励他们，充分发挥其链接高校和市场的中介作用。例如，大连理工大学设立科技成果转化类高级专业技术岗位，苏州大学单列了应用推广型岗位，两所大学都对这些岗位的岗位职责进行了明确的规定。

第二，畅通从事成果转化工作人员的职称晋升通道。

一个发展前景良好的行业不仅在人才的需求上是持续稳定的，而且有自己的行业标准和对从业人员的统一要求。近年来，技术转移行业在规模扩大的同时，管理也越来越规范和完善，建立了行业职业资格准入制度，行业岗位标准和资格标准逐渐规范、明确。2018 年 1 月 1 日，由国家质检总局、国家标准委批准发布的《技术转移服务规范》（GB/T 34670—2017）开始实施，成为我国首个技术转移服务推荐性国家标准。2019 年 7 月 22 日，国内首个《技术转移服务人员职业规范》团体标准生效，对从业人员的职业特征、职业道德、教育工作经历及培训、知识结构、专业技能和综合能力等方面提出规范化要求。两个标准的实施对引导技术转移服务规范化发展具有重要意义。目前，技术转移职业资格既有国内各省市开展的认证，还有国际技术转移经理人联盟（Alliance of Technology Transfer Professionals，ATTP）组织的"注册技术转移经理人"（Registered Technology Transfer Professional，RTTP）认证。

为进一步吸引人才、稳定队伍，在建立技术转移职业资格标准的同时，职称晋升通道也在不断完善。《国务院关于印发国家技术转移体系建设方案的通知》（国发〔2017〕44 号）中明确提出要"完善多层次的技术转移人才发展机制"，

"畅通职业发展和职称晋升通道"。

近年来，一些地区率先对技术转移职称评审进行了积极探索。2017 年 12 月，西安市组织了科技创新工程师（技术转移系列）初、中级职称评审工作，标志着技术转移正式进入国家职称序列。2020 年 1 月，根据《北京市工程技术系列（技术经纪）专业技术资格评价试行办法》，北京正式增设研究型和运营服务型两类技术经纪专业职称，并启动了技术经纪专业职称评定工作。上海市人力资源和社会保障局 2021 年发布《关于开展 2021 年度上海市经济系列科技成果转移转化高级职称评审工作的通知》，设立专门的科技成果转移转化高级职称评审委员会，首次启动科技成果转移转化高级职称评审工作。职业资格认证和职称序列的逐步完善从很大程度上增强了技术转移职业的稳定性和规范性。

在上述地区探索开展技术转移转化职称评审工作的同时，高等教育系统也在积极谋划部署。科技部、教育部在《关于进一步推进高等学校专业化技术转移机构建设发展的实施意见》（国科发区〔2020〕133 号）中提出"建立技术转移从业人员评价激励机制，畅通职务晋升和职称评审通道"。2021 年 10 月陕西省人力资源和社会保障厅、陕西省教育厅、陕西省科学技术厅联合发布《关于做好陕西省高校技术转移转化专业人才职称评审工作的通知》，在工程系列中增设技术转移转化领域，主要包括技术转移研究、技术推广、运营孵化、科技咨询、科技管理等五个方面，主要考察被评审人的技术转移转化研究和运营服务能力，重点评价其在技术转移、成果转化等方面的实际贡献。

此外，对特别优秀和业绩突出的技术转移领军人物，国家还有专门的支持和鼓励政策，《国务院关于印发国家技术转移体系建设方案的通知》（国发〔2017〕44 号）明确提出"将高层次技术转移人才纳入国家和地方高层次人才特殊支持计划"，这一规定充分表明国家对技术转移人才的重视，更是对高层次技术转移人才的鼓励，有助于培养和吸引技术转移领域的顶尖人才。目前这一规定已经在部分省份得到落实，如湖北省在 2020 年就将技术经纪人纳入了全省领军人才计划（湖北省发改委，2020）。

（2）扩大技术经理人在技术转移中的收益比例

合理的利益分配是吸引高端人才、调动人员积极性、稳定人员结构的基础，也是建立市场化运营机制，充分发挥市场配置资源的决定性作用的必然要求。但在利益分配上，我国高校普遍存在过于重视科研人员，对成果转化经纪人的利益照顾不足的现象，尤其是那些还没有进行市场化改革仍按事业单位职能部门管理的技术转移机构，技术转移工作人员的收入一般参照行政岗位工资，收益没有与技术转移业绩挂钩，导致出现"激励不足—人才不强—机构不专"的不良循环。虽然有高校规定技术转移机构可以自由支配一定比例的技术转移收益，但只能作为工作经费，难以对技术转移人员起到有效激励的作用。

对高校技术经理人的经济激励有两种方式，一是从科技成果转化收益中按一定比例奖励给技术经理人。2014 年《财政部 科技部 国家知识产权局关于开展深化中央级事业单位科技成果使用、处置和收益管理改革试点的通知》要求单位的收入分配和股权激励方案要明确对科技成果完成人（团队）、院系（所）以及为科技成果转移转化作出重要贡献的人员、技术转移机构等相关方的收入或股权奖励比例，以保障各方的利益，建立利益共享机制；2017 年《教育部办公厅关于进一步推动高校落实科技成果转化政策相关事项的通知》（教技厅函〔2017〕139号）中要求落实相关激励政策，校内市场化运营机构的聘用人员可以根据约定从科技成果转化净收入中提取一定比例来作为中介服务的报酬；2020 年 3 月，国家知识产权局办公室和教育部办公厅联合印发《关于组织开展国家知识产权试点示范高校建设工作的通知》（国知办发运字〔2020〕8 号），公布了《国家知识产权试点示范高校建设工作方案（试行）》，提出"完善职务发明收益分配制度，建立兼顾学校、院系、科研团队、运营团队各方利益的知识产权收益分配激励机制"。近两年，一些省市陆续出台了对技术经理人实施奖励的明确标准。例如，2022 年 6 月印发的《黑龙江省激励高校和科研院所科技成果高质量就地转化若干措施》中提出，对在省内落地的 300 万元以上的科技成果转化项目，财政资金按20%的比例给予成果出让单位奖励，其中不低于 50%用于奖励成果转化贡献人；对省属高校院所的职务科技成果转化，奖励给技术转化贡献人的比例不低于净收益的 10%。可见，不管是部属院校还是省属院校，黑龙江省规定的对技术转化贡献人（技术经理人）的奖励比例都是不低于收益的 10%，只是奖励资金来源不同，前者出自财政，后者从转化收益中提取。

与从收益中提取一定比例奖励给技术经理人（团队）不同，另一种方式是以服务佣金作为对技术经理人劳动付出的报酬。虽然很多省市出台的技术经理人管理办法中，一般都建议"技术经纪人佣金及费用支付，由参与技术经纪活动各方协商议定"，但是并没有对费用范围或比例进行明确规定，因此也带来了一些诸如"究竟收多少合理、支付现金还是股权以及如何保证酬劳与经纪人付出的劳动相匹配"等问题。

2018 年 10 月，江苏省技术产权交易市场对外发布《江苏省技术产权交易市场技术经理人从业佣金收费标准》（表 3-1），明确以技术合同成交额为依据，按梯度分配的形式确定佣金比例。该标准的发布，为技术经纪人合理获得收益提供有力保障，可以较好地解决技术经纪人有序规范地取得服务佣金的实际问题。

表 3-1   《江苏省技术产权交易市场技术经理人从业佣金收费标准》（江苏大学，2018）

技术转让		技术开发		咨询/服务	
5 万元以下	3000 元	10 万元以下	3000 元	2 万元以下	1000 元
5 万—50 万元	6%	10 万—50 万元	4%	2 万—10 万元	6%
50 万—100 万元	5%	50 万—100 万元	3%	10 万—30 万元	5%
100 万—300 万元	4%	100 万—300 万元	2%	30 万—50 万元	4%
300 万—500 万元	3%	300 万—500 万元	1%	50 万—100 万元	3%
500 万元以上	面议	500 万元以上	面议	100 万元以上	面议

2022 年初，上海市执业经纪人协会技术经纪专业委员会也印发了《技术经纪人服务佣金收费标准指导意见》，建议的收费标准见表 3-2。

表 3-2   上海市执业经纪人协会技术经纪专业委员会建议的技术经纪人服务佣金收费标准

服务类型	佣金（服务费）建议标准
专业咨询	1000 元/次（不超过 3 小时）
信息介绍	面议，建议按照乙方收益 1%—5%分成
全程经纪	100 万元以下建议按照 5%—20%；100 万元以上部分面议，建议不低于 5%；也可折算成对应股权

资料来源：《上海市执业经纪人协会技术经纪专业委员会关于印发〈技术经纪人服务佣金收费标准指导意见〉的通知》（沪经协技〔2022〕2 号）。

高校方面，关于如何收取佣金的问题也在探索之中，2019 年，南京工业大学出台技术经理人管理办法，规定可将不超过项目合同额的 7%作为对技术经理人的奖励（南京工业大学，2019）。2020 年 5 月，在湖北省科技厅主办的一场高校科技成果推介活动上，湖北工业大学公布技术经纪人佣金标准为 3%—6%。在国内高校中首次公开发布技术经纪人服务收费标准（强郁文，2022）。中国矿业大学2021 年也出台了《中国矿业大学技术经理人管理办法（试行）》，文件明确提出"根据技术经理人在技术经纪过程中发挥作用情况，需在项目合同中约定服务佣金或与项目负责人约定服务佣金，一般不超过项目到账额的 10%"。

总的来说，目前对外公布技术经纪人佣金提取比例的高校还不多，相信随着对技术经纪人的需求日益旺盛，会有越来越多的高校公布相应的保障措施和交易佣金建议标准，为技术经纪人合理获得收益，依法依规有序规范地开展经纪活动提供有力保障。

三、健全高校技术转移激励机制的建议

近年来，我国促进科技成果转化的激励制度改革取得积极进展，为营造良好的创新生态环境、建设科技强国奠定了良好的制度基础。但同时也应该看到，由于科技创新的自身特点以及技术转移市场机制不完善等原因，现有科技成果转化激励机制还存在部分不尽如人意之处，有些关系还需进一步理顺。

1. 政府激励和市场激励需要各归其位

科技创新激励需要发挥政府激励和市场激励的不同作用，两者作用和功能不能混同。政府激励主要是通过扩大自主权、评价导向、松绑减负等政策措施鼓励高校、科研人员和技术经纪人等激励对象从事科技成果转化，而市场激励则是通过竞争让激励对象获得更多的经济利益。相对来说，政府激励更注重运行规则和保障体系的建设，对各个环节过程、对科技成果转化涉及的各个主体的诉求考虑更为全面；而市场激励更注重结果。政府激励的目的与市场激励所追求的结果是一致的，都是为了提高高校科技成果转化的效率，但政府激励需要做好顶层设计来平衡更多的关系。政府激励用"看得见的手"为市场激励的顺利实施破除体制机制障碍，使市场这只"看不见的手"能够通过价格机制、供求机制、竞争机制对科研人员、技术经纪人等人力资源进行优化配置，充分体现按劳分配，贡献与

收益、收益与风险相匹配的市场规律以及自愿、公平的市场原则。因此，政府最大的激励就是把该放的权放到位，该营造的环境营造好，该制定的规则制定好，规范好市场主体的市场行为，使其有序化、制度化，保证市场机制正常运行并发挥应有的优化资源配置的作用，在全社会形成"知识创造价值、价值创造者能够得到合理回报"这样一个良性循环，让科研人员和技术经纪人既能安心、踏实地工作，又对职业发展前景充满信心，只有这样才能真正起到激励的作用。

2. 物质激励与精神激励的关系有待理顺

高校科技成果转化的活力主要来自人，激励的根本目的是激发人的活力。根据马斯洛需求层次理论，人不仅仅有生理上的需求，还有对精神层次的追求，也就是在物质满足的基础上，人们还渴望实现自我价值和得到尊重。因此在调动相关人员从事科技成果转化积极性的时候，需要妥善处理好物质激励和精神激励的关系。

由于在过去较长时间里，科研人员没有参与技术转化收益分配，实际贡献与收入分配未完全匹配，科研人员没有获得体面的收入。收益分配制度改革后，对科研人员的奖励或酬金从无到有，从少到多，物质激励在科研人员群体中得到普遍重视。在物质激励作用发挥的同时，还要注重精神激励工具的选择，引导和激发科研人员和技术经纪人无私奉献，平衡好国家（集体）利益与个人利益。科研人员追求的价值应该更多体现在科研成果被同行所认可上，体现在科研人员和技术经纪人自身的科研成果和经纪服务对社会进步和经济发展带来积极的推动作用上，体现在科研成果转化给国家和人类带来的福祉上，这种超越物质和金钱的成就感和荣誉感，才是从事科技成果转化工作真正的价值所在。

3. 长期激励和短期激励需进一步平衡

科技创新是长期积累的过程，但科技成果转化中的利益激励往往呈现短期化倾向，在很大程度上忽略了对科研的过程贡献以及累积性的考量，容易引发部分科研人员的功利主义，导致出现浮躁情绪和急功近利的作风，最终影响和阻碍高水平创新性成果的产生。加之科研活动的项目化管理方式和短期绩效考核，使科研工作沦为利益驱动的任务，这样就很难激活科技创新的原发动力，长期激励有待落实。科技成果转化的成效有时需要长达数年的时间才能显现，科学设置考核周期，将评价周期适当延长，既能避免频繁对科研人员进行考核，也符合科技创新成果产业化的规律。

此外，虽然目前法律法规都支持和鼓励采用股权激励的方式来实现对科技人员的长期激励，但由于科技成果权属关系以及高校国有资产管理的相关规定，落实起来程序比较复杂，在某种程度上影响了激励效果。应进一步探索现有国有资产管理制度下对科研人员实行产权以及科技成果转化形成的股权、期权、分红激励的实现路径，使科技人员的贡献与其产生的经济效益直接相关，以达到长期激励的目的。

4. 分类激励和激励统筹需加快落实

由于每所高校基础不同，定位也存在差异，在对高校科技成果转化进行考核评价时，不能搞一刀切，可通过自身纵向比较和同类高校横向比较等多种评价维度，以及定性和定量评价相结合的办法，对其科技成果转化情况做出客观、公正、全面的分析。定性评价指标包括机构设置、人员配置及科技成果转化相关制度、工作流程的制订及其落实情况等内容；定量评价则可依据年度报告要求提交的数据设计评价指标，赋予不同的权重，进行定量评价。

尽管如前文所述，高校科技成果转化成效已列入"双一流"建设成效评价和学科评估的指标体系，但科技成果转化绩效的评价结果占多大的份额或权重，应取决于高校的功能定位。对于以基础研究为主的高校，应以知识创造为主，科技成果转化为辅，科技成果转化绩效的权重应该小些；而对于以应用研究为主的高校，科技成果转化绩效的权重应该适当加大。

此外，要注意加强激励统筹，一是在科研人员和技术经理人之间倡导共同激励。一项科技成果的转化需要两者的共同参与，只有调动双方的积极性才能推动工作顺利开展，因此目前奖励偏重科研人员而忽视技术经理人的现状有待改进。对科研人员可以实施分段管理、分段考核、分段奖励，比如可以由学校科研管理部门对科研成果的完成情况进行考核奖励，成果移交给技术转移中心后，根据其参与研发和产业化的工作量，按成果转化的考核和奖励办法进行奖励，因为职务发明产权属于学校，可理解为科研人员已经完成前一阶段的研发任务，将成果移交给学校处置，从这个角度看，技术发明人和技术经理人在转化阶段都是参与者，只不过发挥不同的作用，如果采用转让、许可的转化方式，技术经理人的作用可能更为关键。二是要妥善处理好从事技术研发及转移转化的科研人员与基础研究科研人员之间的奖励平衡。科技创新往往以基础研究为前提，尤其当下我国面临一些"卡脖子"技术难题，亟须在原始创新领域有所突破，而以自由探索为主的基础研究具有长期性和不确定性，即使取得研究成果，短期内也很难实现商业化，不能给从事基础科学研究的人员带来直接的经济收益，与技术开发的科研人员相比，待遇可能相差较大，不利于基础研究队伍静下心来从事理论研究，因此需要平衡好基础研究和应用研究科研人员之间的激励关系，采用适当的方式引导他们各安其位、各尽其责。此外，还要统筹好自然科学与社会科学等不同学科之间、教学人员和科研人员不同岗位之间的收入分配和激励关系。

第四章　高校科技成果市场化评估

科技成果评估是技术转移中资源配置的重要依据，也是当前我国科技成果转化面临的挑战之一。由科技部门组织的科技成果鉴定和财务部门要求开展的资产评估，都因不能全面客观地反映出科技成果的价值而陆续退出历史舞台。为促进科技成果转移转化，需要深入开展科技成果转化评估管理和评估理论体系研究，探索建立一种市场导向的科技成果评估机制，为科技成果筛选、交易定价、投融资决策及国有资产管理提供依据。

一、科技成果市场化评估的内涵

科技成果市场化评估是以转化为目的的、按照市场经济规律，由第三方评估机构运用统一的方法和标准对待评估的科技成果进行市场化的价值评价。科技成果市场化评估具有以下三个特征。

1. 以促进转化为目的

科技成果评估是对科技成果水平和应用效果的评价。既有为了对成果实施转化而进行价值估测的事前评估，也有科技成果产业化后进行的事后评估。由于科技成果评估的目的不同、评估主体不同、评估结果的用途不同，因而评估的侧重点也会存在差异。本书讨论的科技成果市场化评估是以服务于成果转移转化为目的的评估。像其他商品一样，一项科技成果要在市场上流动，需要在进入市场、产权变更或转移、以科技成果作价投资、以科技成果质押融资等相关经济行为发生前对科技成果进行全面、综合的评估，不仅要明确地说明其技术先进性、成熟度、稳定性、实用性、局限性，还要对成果的应用价值及经济效益进行预测，对应用条件、市场前景、所面临的各类风险等进行综合评判。

2. 遵循市场经济的规律

科技成果转化实质是供需双方通过技术市场把技术成果作为一种商品进行交易的过程。商品的价值首先是由社会必要劳动时间决定的，如果商品的价格超过社会必要劳动时间且得到社会认可，超出部分也形成了价值，商品的价值即为成本加利润。当技术成果处于垄断时，技术成果拥有方可获得高额利润，但如果存在多个技术成果供给方，就会形成竞争，各个供给方之间、供需双方之间根据博弈、妥协形成新的平衡点，决定技术成果的价格。因此以转移转化为目的的科技成果评估应以市场经济理论为基础，反映科技成果在技术市场中的供需关系、竞争关系，体现其市场价值，评估结果也最终由市场来检验。从这个意义上看，科技成果评估的本质也是一种市场行为，也必然要遵循市场经济的规律。

3. 充分发挥第三方作用

从评估的主体和功能看，科技成果市场化评估要充分发挥第三方评估机构在资源配置中的作用。第三方的概念源自市场经济体系，是指与买卖双方既无行政隶属关系，也无资本"血缘关系"的独立法人，也是市场的主体之一，是市场经济的"产物"（何小敏和巨龙，2020）。在中国特色的社会主义市场经济体系中，资源配置应该由政府和市场"两只手"协同配合完成，但受计划经济的影响，科技成果评估长期由政府主导，导致市场配置资源与第三方评估的功能都很薄弱。科技成果市场化评估就是要在政府的指导和监管下，进一步明确第三方评估机构的主体地位，通过建立交易标的信息披露标准，构建规范化、标准化的评估体系，发挥第三方评价的市场功能，促进资源配置更加公平、公正、合理，为充分发挥市场配置资源的决定性作用、更好发挥政府的作用提供一个解决方案。

二、科技成果市场化评估的意义

1. 国有资产管理的需要

从一般意义上讲，科技成果并不一定是资产，但是当科技成果需要量化内在价值时，应将其视同资产来考虑。应用型的科技成果在商业化过程中需要量化其内在价值，特别是科技成果面临转让或投融资时，是被当作无形资产进行交易的。拟转化的高校科技成果属于国有无形资产，《国有资产评估管理办法》明确规定无形资产属于评估范围，同时也规定以非货币对外投资等行为需要实施评估备案。因此高校在科技成果相应的经济行为发生前要将科技成果价值等有关情况向财政部门（或国有资产管理部门）备案，这就需要按有关规定进行资产评估，确定国有资产价值。但是在实际的评估过程中，由于专业人才缺乏、评估理论研究对实践指导不足、评估能力不强、相关评估标准不健全等原因，评估结果很难反映出科技成果的价值；一些评估机构甚至没有按规定的程序和方法进行深入的调研分析，而仅仅是为了配合委托方满足国有资产管理的要求，按照供需双方事先商量好的评估值去倒推，凑出评估报告。如此评估出来的结果，或不能客观反映市场价值，或给利益输送可乘之机，都可能有造成国有资产流失的隐患。基于市场的科技成果价值评估机制可以客观、公正地反映科技成果的真实价值，有助于防止利益输送等道德风险行为，营造公平竞争的技术转移生态环境，也有助于厘清成果转化当事人的权利与责任，减轻相关人员担心承担国有资产流失风险的顾虑。

2. 降低科技成果管理成本

科技成果的价值是科技成果供给方、需求方、投资方、中介服务方、政府管理方等在成果管理和交易中最为关心的核心问题。只有同时遵循技术创新规律和市场经济规律，对科技成果进行科学合理和公平公正的评价，才能改变科技成果转化粗放式的管理方式，把有限的资源配置到有价值的科技成果上，从而提高转化的成功率。

长期以来对科研人员评价以论文、专利为主的导向使得我国高校申请的专利数量大，质量参差不齐，造成人力、财力及社会资源的浪费。实际上，虽然高校每年产生很多科技成果，但并不是所有的科技成果都具备成熟的市场转化条件，为降低管理成本，需要对这些成果进行筛选和分级分类管理，哪些是具备转化潜力的，哪些还需要进一步培育。对有价值的科技成果才需启动申请专利保护，因此需要通过科技成果评估，做到对科技成果的价值心中有数，以确定是否进行下一步的专利申请和布局，减少无效申请和低质量专利的数量，从而将有限的人、财、物等资源集中起来以支持高质量专利的培育和转化。评估结果还可用于改进研究开发路线，调整研发的计划进度，为经费预算提供依据，减少研发的盲目性，降低研发风险。

3. 为交易定价提供依据

科技成果市场化评估有助于解决科技成果交易定价难的问题。科技成果的交易价格是其商品化的关键，没有科学客观的评价方法和工具就不可能有公正的评价、公平的交易。只有通过科学合理的价值评估，得到一个相对公平、合理的成果价格估值，交易双方才会根据评估结果确定成果交易价格，进而促进科技成果顺利完成转移转化。

科技成果评估的作用，主要在于消除各类市场主体之间的信息不对称，一方面，高校作为供给方，虽然具有专业和信息优势，但不熟悉市场环境，对技术成果的产业价值不太清楚；另一方面，承接企业作为需求方，由于信息不对称，对该技术成果的先进性、可替代性等技术底数、应用场景等关键信息了解不深入。如果不事先对科技成果进行价值评估，科技成果就很难有一个市场化交易定价的参考依据，容易造成报价分布范围大，导致双方难以达成一致。开展科技成果评估，有助于供需双方缩小报价范围、快速对接，减少技术交易中买卖双方的沟通和谈判成本，有利于双方达成共识，从而提高交易效率。科技成果评估结果还是确定技术成果转化方式和交易支付方式的重要依据，可根据不同的评估结论选择许可、转让或作价投资等方式，使双方的收益和风险达到一种平衡。此外，从科技服务机构的角度，可以通过科技成果评估结果，判断科技成果目前的状态、转化该成果所应具备的条件以及还需要投入哪些要素资源，进而快速准确地找到服务的切入点。

4. 投资和融资的重要参考

科技成果评估结果是投资和融资过程中对成果价值评判的重要依据。科技成果评估，不仅仅是评估机构的事情，同样也适用于高校、投资机构和技术需求方开展的自评价。就如同各单位都有财务部门、会计师与财务报表一样，进入市场时，还需要会计师事务所来做"第三方评价"的审计。科技评估师类似于会计师，技术报表类似于财务报表，第三方评估机构类似于会计师事务所（王春芳，2019）。

从融资方的角度，科技成果转化过程中需要大量资金，但由于科技成果属于无形资产，缺乏银行认可的强担保物，又加之信息不对称，风险控制难度大，使得融资困难成为普遍存在的问题。如果能对科技成果进行比较准确的专业化评估，并进行风险等级预判，比如可以借鉴银行理财产品标明风险等级，或是分别计算出科技成果在不同情况下对应的价值，将风险和收益相对照，无疑会增强银行等投资机构的信心，提高融资的成功率。

从投资方的角度，对某一科技成果进行评估，评估结果可用于对该成果是否取舍的决策参考，如果决定投资，应采取什么方式，投入多少资金，分几个阶段，这些都需要根据评估结果来进行综合考虑。

三、我国科技成果评估发展历程及现状

我国科技成果评估的发展演变有两条线，一条是把科技成果作为国有无形资产进行资产评估的制度发展变迁，侧重于经济价值评估；另一条线是科技成果鉴定制度的变革，更侧重于技术价值的评价。

1. 科技成果资产评估的演变

（1）探索阶段

我国对科技成果等无形资产开展评估是在改革开放以后。由于新建了很多中外合资企业，对于我方企业持有的专利、商标如何估值的问题引起了社会各界的关注，于是借鉴引进了西方市场经济体制下的无形资产计量方法。1984 年，我国颁布了《中华人民共和国专利法》，1986 年建立了《中外合资经营企业会计制度》，首次将无形资产纳入会计核算体系，并对无形资产的范围和计量办法进行了初步界定。

（2）规范完善阶段

随着我国对外开放的不断扩大，企业经营业务的复杂程度也不断提升，企业股份制改革、重组、兼并、上市等情况越来越普遍。为防止国有资产流失，加强国有资产管理和规范资产评估受到广泛重视，1992 年国务院发布了《国有资产评估管理办法》实施细则，以规范国有企业改制中的资产评估问题，与此同时，建立适用于社会主义市场经济体制的无形资产评估制度成为理论界和实务界的研究热点。

1999 年教育部令第 3 号《高等学校知识产权保护管理规定》正式发布。其中规定，高等学校应当重视开展知识产权的资产评估工作，加强对知识产权评估的组织和管理，对外进行知识产权转让、许可使用、投资入股或者作为对校办科技产业的投入，应当对知识产权进行资产评估。

2001 年，财政部出台《资产评估准则——无形资产》，并于 2008 年进行修订，该准则明确规定了无形资产的评估原则、基本方法和参数选择及报告方式。2008 年《专利资产评估指导意见》和 2010 年《著作权资产评估指导意见》相继推出，我国无形资产准则体系逐渐完善（苑泽明等，2019）。

（3）取消强制评估阶段

随着创新驱动发展战略的实施，新兴技术不断涌现，科技成果转化工作受到前所未有的重视，对科技成果等无形资产的价值开展评估不仅仅是国有资产管理的需要，还承载着发现科技成果市场价值的责任。

从资产评估到价值评估，评估的目的和意义发生了巨大的变化。早期的科技成果资产评估，其目的是防止国有资产流失，成果评估后需向主管机关报告事由存案以备查考。但备案工作程序复杂，流程需要耗费大量时间。更主要的问题在于评估机构大多挂靠政府部门或会计师事务所，管理不统一也不规范，权威评估机构很少，专业人员缺乏，为争取业务经常出现按委托方要求拼凑评估报告的现象，这样的评估结果除了应付国有资产管理备案要求外，对成果转化交易没有什么参考价值，评估完全流于形式。

为提高科技成果转化的效率，2016 年国务院印发的《实施〈中华人民共和国促进科技成果转化法〉若干规定》中明确了"国家设立的研究开发机构、高等院校对其持有的科技成果，可以自主决定转让、许可或者作价投资，除涉及国家秘密、国家安全外，不需审批或者备案"。这里授权高校自主决定的是科技成果转化的方式，可以理解为科技成果相对应的经济行为不再需审批和备案，也就是高校拥有科技成果的使用权和处置权，但如果在这个过程中采用评估的方法对科技成果进行定价，那依然要向教育部报审、财政部备案科技成果评估价格和转化方案。

2017 年《国务院关于强化实施创新驱动发展战略进一步推进大众创业万众创新深入发展的意见》（国发〔2017〕37 号）中指出要"依法发挥资产评估的功能作用，简化资产评估备案程序"。随后，教育部出台了《关于规范和加强直属高校国有资产管理若干意见》（教财〔2017〕9 号）、《关于落实直属高校国有资产管理有关政策的通知》（教财司函〔2018〕33 号）等文件，将科技成果评估授权高校备案，但科技成果作为无形资产仍需要按估值入账。可以看出，无论是上报财政部备案还是授权高校备案，高校科技成果转化前开展资产评估都是国有资产管理的需要。

2018 年 12 月《国务院办公厅关于抓好赋予科研机构和人员更大自主权有关文件贯彻落实工作的通知》（国办发〔2018〕127 号）要求财政部"提出对《国有资产评估管理办法》的修订建议"，"探索利用市场化机制确定科技成果价值的多种方式"，科技成果评估改革方向进一步明确。

2019 年 3 月财政部公布了《关于修改〈事业单位国有资产管理暂行办法〉的决定》（财政部令第 100 号），以国有资产管理为目的的科技成果评估强制要求被正式取消。修订后的《事业单位国有资产管理暂行办法》规定，高校如果将其持有的科技成果转让、许可或者作价投资给国有全资企业，可以不进行资产评估；如果是转移转化给非国有全资企业的，由高校自主决定是否进行资产评估。同时还明确了交易价格的市场化形成机制，即通过协议定价、在技术交易市场挂牌交易、拍卖等方式确定价格。

取消科技成果资产强制评估，改为由市场定价，是我国高校国有资产管理的重大突破，有利于让科技成果回归其价值本质，有助于解决科技成果作为无形资产在资本化过程中的定价困境。科技成果评估的意义也因此转向发现成果价值、促进成果转化、提高转化效率。

2. 科技成果鉴定制度的演变

我国科技成果鉴定制度演变至今，其发展历程大致经历了以下几个阶段。

（1）起源阶段

20 世纪 50 年代，在"大跃进"背景下，我国科技成果数量迅猛增长，但质量却良莠不齐，急需建立一套评价标准和方法来鉴别科技成果的真伪，我国科技成果鉴定制度由此应运而生。1955 年 10 月 31 日经国务院批准成立的"农业科学研究工作协调委员会"，其职责之一即鉴定科研成果。这是我国科技成果鉴定制度的早期萌芽。1961 年 4 月，《新产品、新工艺技术鉴定暂行办法》出台，意味着科技成果鉴定制度在我国的正式确立。当时鉴定的主要内容包括新产品和新工艺在技术上的成熟程度、经济上是否合理、应用的范围和条件等，并做出结论，提出可否推广的建议。1987 年国家科委颁布了《科学技术成果鉴定办法》。1994 年 10 月 26 日为了适应经济体制和科技体制发生的重大变化，我国颁布了新的《科学技术成果鉴定办法》。科技成果鉴定制度是计划经济时代的产物，计划经济向市场经济转变的同时，也促进了科技成果鉴定向科技成果评估的演变（朱冬元等，2020）。

（2）改进阶段

20 世纪 90 年代中期，科技评估工作开始起步，政府性质的科技评估机构开始在我国出现，广东省、辽宁省、天津市等相继成立了科技评估机构。1997 年，国家科委颁布了《科技成果评估试点工作管理暂行规定》，将科技成果评估作为科技成果鉴定的一种补充，主要是对 1994 年颁布的《科学技术成果鉴定办法》中列出的 6 种不组织科技成果鉴定的成果开展评估。1997 年，国家科委批准成立国家科技评估中心。2000 年，科技部发布了《科技评估管理暂行办法》，将科技成果的技术水平、经济效益列为评估对象和范围。2001 年，国家科技评估中心发布了《科技评估规范》，作为国家《科技评估管理暂行办法》的重要配套文件。开展科技成果评估工作最初的目的是试图借助无形资产评估的理论和方法，对科技成果进行价值评估，但后来因科技部机构调整，原计划与国有资产监督管理委员会联合开展科技成果评估培训获取资质的事宜未协调下来，成果转化价值方面的评估没有开展起来（王嘉，2010）。

随着我国经济体制改革的不断深入，市场经济环境日趋规范，尤其是加入世界贸易组织（World Trade Organization，WTO）后，政府职能发生了转变，科技成果鉴定办法开始暴露出与之不相适应的地方。为适应科技成果管理环境的变化，我国于 2003 年出台了两部相关政策法规，其一是 2003 年 5 月科技部、教育部、中国科学院、中国工程院、国家自然科学基金委员会联合印发的《关于改进科学技术评价工作的决定》（国科发基字〔2003〕142 号），提出"加强对科技成果评价工作的管理，树立国家科技成果评价的严肃性、权威性和公正性。改进现行成果评价方式，采用国际通行的同行评议和专家推荐制"。此处的"现行成果评价方式"主要是指科技成果鉴定。其二是 2003 年 9 月科技部颁布的《科学技术评价办法（试行）》（国科发基字〔2003〕308 号），对科技鉴定活动提出了更加规范和具体的要求。但办法颁布后，由于相关配套政策法规不完善、第三方评价机构建设缓慢等原因，科技成果鉴定仍处于主导地位。

（3）第三方评价试点阶段

2004 年国务院发布《关于第三批取消和调整行政审批项目的决定》（国发〔2004〕16 号），规定科技成果鉴定"改变管理方式，不再作为行政审批，由行业组织或中介机构实行自律管理"。为促进社会第三方专业评价机构的发展，加快政府职能的转变，探索和建立以市场为导向的新型科技成果评价机制，科技部于 2009 年 10 月颁布了《科技成果评价试点工作方案》和《科技成果评价试点暂行办法》（国科办奖〔2009〕63 号）并启动首期科技成果评价试点工作。同科技成果鉴定相比，此次科技成果评价试点在形式上改变了以往以定性评价意见为主的鉴定结论，增加了量化评分，特别是积极推行科技成果分类评价，比以往有了很大的进步。首期试点选择了 9 家试点单位和 12 个评估机构，各家试点单位均制定了具体的试点工作方案，确定了本单位的试点范围以及范围内参加试点的机构，初步搭建了不同领域科技成果的评价体系。一期的科技成果评价试点取得了积极成效，科技界和社会界开始认识到由独立第三方评价机构承揽科技成果评价工作的优势和科学性，评价为科技成果转化服务的能力得到增强，为加快转变政府职能、促进社会专业评价机构发展积累了有益的经验。

2014 年，在一期试点的基础上，国家科学技术奖励工作办公室下发了《关于开展二期科技成果评价试点工作的实施意见》（国科奖字〔2014〕28 号）文件，启动二期科技成果评价试点工作，要求各试点单位不再开展鉴定工作，面向市场需求和科技成果转移转化，探索建立以市场为导向的科技成果评价机制。通过试点，一些地区和单位的科技成果评价市场化管理运营模式开始形成并逐渐成熟起来。

与此同时，在非试点地区，由于第三方专业评价机构发展滞后、评价业务缺乏专业性，科技人员认为由政府所出具的科技成果鉴定证书更具有权威性，依旧倾向于申请科技成果鉴定，由政府出具的科技成果鉴定证书在科技管理活动中依然发挥着关键作用。因而政府在推动第三方科技成果评价的同时仍组织开展科技成果鉴定工作，形成了科技成果鉴定和第三方评价两种模式同时存在的局面。

（4）取消科技成果鉴定阶段

随着市场经济的发展和政府职能的转变，科技成果鉴定制度带来的滋生学术腐败、弄虚作假、形式主义等弊端备受诟病。取消科技成果鉴定制度，以更为有效的评估机制去代替它已是大势所趋。科技成果评价市场化模式在国外已被证实为一种高效的方法，我国在经过两期试点工作的探索和总结后，科技部于 2016 年 6 月对《科学技术成果鉴定办法》、《科技成果评价试点工作方案》和《科技成果评价试点暂行办法》（国科办奖〔2009〕63 号）等规章予以废止，在全国范围内终止科技成果鉴定工作，改为由独立第三方机构通过同行评议、市场、用户等多种手段进行市场化评价。2017 年，教育部办公厅印发了《关于进一步推动高校落实科技成果转化政策相关事项的通知》（教技厅函〔2017〕139 号），提出"要积极推动建立科技成果专业化、市场化定价机制，可以由学校技术转移部门开展尽职调查进行价值判断，也可委托专家委员会或具有相应资质的第三方机构对科技成果进行价值评估"，评估值可"作为市场化交易定价的参考依据"。这就意味着高校科技成果评价也向"市场化评估"迈出了一大步。

从上述发展演变情况来看，从科技成果鉴定到开展市场化评估，对科技成果进行评价的主体、评估的目的、形式和内容都发生了很大的变化。首先，政府的角色不同。科技成果鉴定是由政府科技管理部门直接组织，属于行政行为，对鉴定结果直接予以认可；而在科技成果评估评价中，政府有关部门的角色发生了较大变化，由组织者变为委托者、监督者。其次，结论的科学性不同。科技成果鉴定是由专家组评议以后做出结论，带有较强的主观性；而科技成果市场化评估强调运用科学的方法，通过市场、用户对科技成果价值进行预测或评价，所得出的结论更客观公正，更具科学性。最后，评价的目的不同。科技成果鉴定从鉴别成果的真伪，到检查科研任务完成及科研合同履行的情况，再到对科技成果水平进行评价，其结果主要是用于与科技成果管理有关的项目验收结题、科技奖励等事项，属于事后评估；而科技成果市场化评估主要用于促进科技成果转移转化，属于事前评估。

正是因为科技成果鉴定制度没有处理好政府和市场的关系，没有充分体现市场对科技成果的需求，仅靠专家经验判断，不能全面反映科技成果的价值，难以满足成果转让、技术入股时科技成果作价的需求，对科技成果转移转化的促进作用有限，最终被市场化评估所取代。

3. 科技成果市场化评估的改革现状

通过对科技成果资产评估和成果鉴定改革脉络的梳理，可以看出，资产评估主要是对科技成果进行经济价值的评价，而成果鉴定主要是对科技成果的技术水平、创新性进行评判，虽然成果鉴定也考察科技成果带来的经济效益，但主要是体现已经产生的经济效益。资产评估是为了国有资产管理的需要，而成果鉴定大多是为了项目结题或评奖。两种评估结果对促进科技成果转化都没有起到太大的作用，反而因政府干预、手续烦琐等出现了很多的弊端，甚至起到了阻碍科技成果转化的反作用。

取消科技成果强制资产评估和废止科技成果鉴定制度的举措顺应了我国科技创新的发展趋势，符合市场经济下开展技术转移的规律。但市场化评估具体评什么？怎么评？围绕这些问题，相关措施开始陆续出台。2018 年 7 月，国务院印发了《关于优化科研管理提升科研绩效若干措施的通知》（国发〔2018〕25 号），文件第八条回答了"评什么"的问题，即建立以创新质量和贡献为导向的绩效评价体系，准确评价科研成果的科学价值、技术价值、经济价值、社会价值、文化价值；第十一条提出了不同类别项目的评价导向、评价重点和评价方式，回答了"怎么评"的问题，其中，对技术和产品开发成果，要评价成果转化及产业化发展情况；而应用示范类项目本身就是成果转化，主要评价其产生的经济社会效益。

2020 年 2 月，教育部、国家知识产权局、科技部出台的《关于提升高等学校专利质量促进转化运用的若干意见》（教科技〔2020〕1 号）对高校面向转化加快建立技术成果评估制度提出了新的要求，高校自主深度参与技术评估评价工作的迫切性日益凸显。

党中央、国务院也高度重视科技成果评价问题，2021 年 5 月 21 日习近平总书记在主持中央全面深化改革委员会第十九次会议时强调"加快实现科技自立自强，要用好科技成果评价这个指挥棒，遵循科技创新规律，坚持正确的科技成果评价导向，激发科技人员积极性"。2021 年 8 月，国务院办公厅印发了《关于完善科技成果评价机制的指导意见》（国办发〔2021〕26 号），该文件坚持"谁委托科研任务谁评价""谁使用科研成果谁评价"，建立了政府、市场、第三方机构、金融投资机构等多主体评价机制，明确提出"大力发展科技成果市场化评价""充分发挥金融投资在科技成果评价中的作用"等措施，要求根据科技成果不同特点和评价目的，全面准确评价科技成果的科学、技术、经济、社会、文化价值，健全完善科技成果分类评价体系，引导规范科技成果第三方评价，制定科技成果评价通用准则，细化具体领域评价技术标准和规范（陈芳和胡喆，2021）。

《国务院办公厅关于完善科技成果评价机制的指导意见》提出的"五元价值"和"谁用谁评估"的改革思路，将科技成果资产评估和技术鉴定两条改革线汇聚到一起，实现了"破"之后的"立"。2021 年 12 月，科技部、教育部、财政部、人力资源和社会保障部、国家卫生健康委员会、国务院国有资产监督管理委员会、中国科学院、中国工程院、国家国防科技工业局、中国科学技术协会等十部门联合启动科技成果评价改革试点工作，包括建立科技成果五元价值评价机制、完善科技成果分类评价体系、发挥金融投资在科技成果评价中的作用、发展科技成果市场化评价等多方面任务，由相关高校、科研院所、企业等法人单位推动落实。我国科技成果评估进入市场化评估的新阶段。

四、科技成果市场化评估的特点

1. 专业性

科技成果评估的专业性体现在三个方面，一是需要评估者具备无形资产评估的业务知识和基本技能，掌握相关的评估理论、方法和技巧，熟悉有关政策、法律、法规和财会知识，了解无形资产评估前沿动态和发展趋势。二是要求对相关技术领域非常熟悉，技术成果一般是面向某一具体行业，由相关企业实施用于解决特定难题的新技术、新工艺、新材料。评估者需要对行业技术发展现状非常了解，对技术变革的需求也很清楚，只有这样才能够对技术成果的技术水平，包括成熟度、先进性、可替代性、预期寿命等做出比较准确的判断。三是科技成果评估涉及多个学科，综合性强。科技成果评估是多元价值评估，其评估过程涉及对多种方法和经验的运用。评估者不仅要对科技成果进行技术评估，开展市场前景调查和投资回报分析，还需要将该项技术成果置于社会经济发展的大环境中，考虑其与外界环境诸如政治、经济、法律、文化等之间的关系，综合运用多个学科专业的研究方法和评估手段，才能对科技成果做出科学、客观、公正的评价和估值。

2. 时效性

因为技术和市场的双重不确定性，科技成果市场化评估对时效性要求很高。技术不确定性主要是因为科技成果具有更新迭代速度快的特点，导致其价值容易产生波动。一方面，随着科技成果不断改进和完善，先进性和成熟度不断提高，未来创造的效益也越大；而另一方面，如果有更为先进的替代技术出现，转化形成的产品在市场中就会失去竞争力，其价值又有可能迅速下降。市场不确定性主要受供需变动、需求转移、产业调整、舆论事件等因素的影响，导致市场占有率起伏波动。因此科技成果价值随时可能发生变化，给评估带来较大难度。

3. 创新性

每一次评估的科技成果不同，适用的行业也不一样，市场的准入门槛、生产条件和适用环境等都存在差异，没有一套放之四海而皆准的评价方法，使得每一次科技成果评估都可能面临新的问题，充满挑战性。同时，科技成果本身就是创新的结果，没有类似的历史数据可以直接参考和借鉴，可能使传统评估经验失效，这也是导致科技成果评估难的一个重要原因（刘伍堂，2019）。

五、科技成果市场化评估的内容

1. 现行科技成果评估指标

构建科学合理公平的评价指标体系是开展科技成果市场化评估的前提。我国从

2009 年开始科技成果第三方评价试点，经过多年的探索实践，一些地区、行业和社会团体制定了适合本地区、本行业的科技成果评估标准或规范。笔者查阅了部分比较有代表性的、以促进科技成果转化为目的的科技成果评估标准或评估规范，对其评估内容进行提炼、整理，并以指标体系的形式呈现出来，方便对比、分析和借鉴。

（1）专利价值分析指标体系

专利是科技成果重要的表现形式，是受到法律保护的科技成果。2011 年，国家知识产权局委托中国技术交易所组织专家研究，构建了专利价值分析指标体系（表 4-1），从法律、技术、经济三个维度对专利价值进行定性与定量分析（国家知识产权局专利管理司和中国技术交易所，2012）。该体系相比资产评估类方法更为充分地考虑了技术和法律方面的因素，但由于"专利价值分析指标体系"关注的是专利内在价值，因此产业化能力、市场化营销、资本投入等涉及专利运用的因素没有被纳入指标体系中。作为早期的专利价值评价指标体系，通过对实践中应用的不同评价指标进行总结，提出了从三个价值度进行专利价值评估，其理论意义大于实践意义。从实际应用看，各个应用主体大多采用了这三个维度，但表征上述维度的指标则根据实际情况进行了调整。

表 4-1　专利价值分析指标体系

维度	指标
法律价值度	稳定性
	不可规避性
	依赖性
	专利侵权可判定性
	有效期
	是否多国申请
	专利许可状态
技术价值度	先进性
	行业发展趋势
	适用范围
	配套技术依存度
	可替代性
	成熟度

续表

维度	指标
经济价值度	市场应用情况
	市场规模前景
	市场占有率
	竞争情况
	政策适应性

（2）科技成果转化成熟度评价指标体系

2016 年 7 月，北京科技协作中心、首都科技服务业协会、中关村天合科技成果转化促进中心、中国标准化研究院、北京圣普远博管理研究中心联合发布科技服务业团体标准《科技成果转化成熟度评价规范》（T/BTSA 001—2016），该标准主要从技术、人员（研发人员和技术经纪人）、资金和市场等方面对技术成果转化的准备程度进行评判，为科技机构开展科技成果转化提供评价依据和操作规范。评价内容主要包括技术先进性、外部支撑性和市场转化性（表 4-2）。《科技成果转化成熟度评价规范》不仅对科技成果进行了技术方面的评价，还考虑了技术研发能力、成果转化能力，以及资金支持、商业管理、市场营销、推广前景等相关要素。

表 4-2　科技成果转化成熟度评价指标体系

维度	一级指标	二级指标
技术先进性	技术研发	技术水平
		技术难度
		技术进度
		技术成果
	技术人才	技术带头人能力
		研发团队
外部支撑性	市场要素	市场规模
		市场周期
		市场细分
		市场竞争
	资源要素	人才资源
		资金资源

续表

维度	一级指标	二级指标
外部支撑性	资源要素	配套资源
		环境资源
市场转化性	产品化要素	功能特性
		用户特性
		品质特性
		成本特性
	生产化要素	研究开发系统
		生产制造系统
		营销服务系统
	商业化要素	政策影响
		模式创新
		赢利预期

（3）《技术转移服务规范》（GB/T 34670—2017）的技术评价内容

2017 年 9 月，国家质量监督检验检疫总局、国家标准化管理委员会批准发布的我国首个技术转移服务推荐性国家标准《技术转移服务规范》（GB/T 34670—2017）中对"技术评价"的定义为"按照规定的原则、程序和标准，运用科学、可行的方法，对技术成果的成熟度、先进性、市场前景、经济和社会效益等进行综合评价的行为"。对委托评价项目从技术价值、经济价值和实施风险等方面进行评价，具体内容如表 4-3 所示（中华人民共和国国家质量监督检验检疫总局和中国国家标准化管理委员会，2017）。

表 4-3　《技术转移服务规范》的技术评价内容

维度	技术价值	经济价值	实施风险
评价内容	技术的来源、背景	技术的市场容量	技术风险
	技术的先进性	相关产品已销售情况或销售预测情况	政策风险
	技术的创新性	技术实施时所需资源情况	市场风险
	技术的可行性	产品竞争能力	法律风险
	技术的成熟度	价格及成本情况	资金风险
	技术的可替代性	技术的知识产权状况	环境风险
	其他	其他	其他

（4）创新成果转化落地项目成熟度评价内容

2017 年 6 月，北京企业技术中心创新服务联盟发布了《创新成果转化落地项目成熟度评价规范》（TB/BETC 0002—2017）。评价内容如表 4-4 所示。

表 4-4　创新成果转化落地项目成熟度评价内容

维度	指标
创新成果基础信息	项目名称、项目目标和主要内容、进度安排、技术经济及性能指标、国内外同类先进技术比较、主要创新点、产出与效益、应用情况与推广前景、项目单位及人员信息等内容
创新成果创新水平	成果来源
	类型
	形式
	方式
	水平
	技术成熟度等级
创新成果转化落地支撑条件	人才要素
	资金要素
	资源要素
	生产要素
	环境要素
创新成果转化应用支撑条件	应用市场条件
	应用需求
创新成果转化落地项目成熟度自评价	综合评价创新成果的技术先进性、转化落地支撑条件及转化应用条件，提交创新成果转化落地项目成熟度等级自评价结论

（5）应用技术类科技成果评价内容

随着科技成果评价在促进成果转移转化中的作用越来越受到重视，不少高校院所、企业、协会、标准化研究院、技术转移中心参与到科技成果评价指标体系的研究中来，陆续发布了一些行业或团体标准。2019 年发布的《应用技术类科技成果评价规范》（团体标准 T/CAS 347—2019）是我国首个针对应用类科技成果的评价规范，由青岛市技术市场服务中心、青岛农业大学、青岛市标准化研究院、上海科学技术交流中心、上海电气电站工程公司、陕西省标准化研究院、中国海洋大学、中国石油大学等 30 多家单位参与制定。该标准评价内容包括但不局限于技术成熟度、技术创新度、技术先进度、经济效益、社会效益、生态效益和项目团队等，主要为市场化、第三方评价机构开展评价服务提供操作规范。

（6）应用开发类农业科技成果评价指标体系

除以上这些通用的评价规范或评价指南外，还有一些行业或社会团体研制了适合不同领域的科技成果评价规范，如《农业科技成果评价技术规范》（GB/T 32225—2015），其中对应用开发类农业科技成果的评价内容具体如表 4-5 所示（中华人民共和国国家质量监督检验检疫总局和中国国家标准化管理委员会，2016）。

表 4-5　应用开发类农业科技成果评价指标体系

一级指标	技术指标	效益指标	风险指标
二级指标	创新性	经济效益	技术风险
	先进性	社会效益	市场风险
	稳定性	生态效益	政策风险
	成熟度		自然风险
	知识产权		

（7）上海大学某科研团队技术评估内容

上海大学在科技成果转移转化实践中，从技术供给方的角度，构建了由技术、产业、知识产权、市场竞争不同"维度"因素和不同"阶段"因素交叉组成的供给侧技术评估实务矩阵（杨文硕，2020）。其中"转移转化中"阶段四个维度的评估内容具体如表 4-6 所示。

表 4-6　上海大学铜合金科研团队技术评估内容

维度	评估内容
技术进步	成熟度、先进性、技术壁垒
产业经济	依据产业链供需价格现状以及主要应用场景的经济社会效益，可选取交易法、现金流量折现法等方法测算其产业价值
知识产权	依据对该项目技术生命周期、团队掌握解决方案及其迭代自主权、专利保护措施、模仿复制难度、对外部竞争者形成的技术壁垒，以及高校科研平台和团队的无形资产价值等进行判断
市场竞争	合作伙伴的产业化实力，包括企业资质地位和影响力、应用场景市场资源及准入资格、新技术熟化-消化能力、投资能力等

注：根据杨文硕（2020）整理。

（8）《科技成果评估规范》里的评价内容

2020 年发布的《科技成果评估规范》（T/CASTEM 1003—2020）是由科技部科技评估中心牵头起草、中国科技评估与成果管理研究会发布的一项行业标准，也是用于第三方评估机构对科技成果转化过程中科技成果的评估，评估内容主要包括技术成熟度、技术创新度、技术先进度、知识产权保护情况和团队等，根据不同的评估目的，可增加经济效益、社会效益或风险等评估内容。目前，科技部科技评估中心正在以此为基础研制科技成果评估规范的国家标准。

2. 评估维度、内容及关系分析

通过以上科技成果评估相关的国家标准、团体或行业标准以及高校评估实践可以看出，对科技成果进行评估基本上都是从技术、经济和风险三个方面来开展的，技术方面主要是对成熟度、创新性、先进性、适用性、可替代性等的评价；经济方面主要考察市场规模、预期收益、市场竞争等。另外还有知识产权保护、研发团队、管理运营团队、合作伙伴产业化实力、环境政策影响等，因为这些方面存在不确定性，可能会对预期收益带来影响，所以都可以视为风险评价。尽管某一个具体指标在不同的评估体系中被归到不同的维度，但评估的指标都大同小异，科技成果评估内容总的来说比较一致。

高校科技成果转化是高校和企业之间的一种市场交易行为，科技成果价值评估以确定交易价格或投融资为主要目的，应该充分发挥技术市场的作用，由高校和企业自行或委托第三方进行评估，并根据评估结果和供需关系进行交易价格谈判。因此评估的结果应该是一个反映经济价值的数值或区间。为科学合理地计算这个数值或区间范围，评估时除了预测其经济价值外，还要对技术价值和风险情况进行充分的评估，因为技术价值是影响经济价值的主要因素，技术价值经过市场的检验和选择最终体现在经济价值的某些指标上，如科技成果竞争力影响市场占有率，成果应用导致生产条件的变化可能需要人员培训或更新设备，从而影响成本，等等，同时由于科技成果转化在技术、市场、知识产权保护、管理等方面存在不确定性，因此还需要进行风险评估，并最终以经济价值区间的形式呈现出来，即在各种风险发生的情况下，经济价值可能的波动范围。由此可见，以交易为目的的科技成果评估虽然最终显示的是经济价值，但实际的评估内容包括技术评估、经济评估和风险评估三个维度。

国务院办公厅 2021 年 8 月印发的《关于完善科技成果评价机制的指导意见》（国办发〔2021〕26 号）明确指出，应根据科技成果不同特点和评价目的，进行有针对性的评价。按照"谁使用科研成果谁评价"的意见精神，除了委托第三方开展评估外，各参与主体也会对拟转化的科技成果进行内部的自评估。自评估也是从这三个维度进行评估，但不同主体进行评估时选择的指标不完全相同，或者根据指标的重要性不同赋予其不同的权重或系数，由此可能导致评估结果存在差异，这是非常正常的。比如，第三方评估机构一般会按照通行的评估指南开展评估，但由于高校可能出于对科技成果知识产权的保护以及企业出于商业秘密的考虑，第三方评估机构很难获得核心的技术信息和准确的生产经营条件等信息，这就造成评估结果的偏差。同样，高校作为技术供给方，企业作为需求方，在开展内部的自评估时由于各自掌握的信息存在不对称性，评估的具体内容还是有所区别的。比如，风险评估方面，高校熟知自己研发的科技成果的技术底数，对技术风险可能不太关注，更想了解承接企业的管理和运营情况；而企业则更关心科技成果的法律保护情况、技术在后续产业化过程中的不确定性以及被替代的风险。此外，在科技成果转化中需要投融资的评估主体是金融机构、创业投资公司等，主要对潜在经济价值、市场估值、投资风险、发展前景等进行投资前评估，以决定是否投资和投资规模的大小。表 4-7 列出了第三方评估机构、高校（供给方）、企业（承接方）和投资机构的科技成果评估的内容，以供参考。其中标★的是对评估主体较为重要的、评估时权重较大的指标，标☆的是权重偏小的指标。

表 4-7　不同主体开展自评估的评价内容

维度	指标	第三方机构	高校	企业	投资机构
技术	成熟度	★	★	★	☆
	先进性	★	★	★	☆
	需求性	★	★	★	☆
	可替代性	★	★	★	☆
经济	研发成本	★	★	☆	☆
	预期收益	★	★	★	★

维度	指标	第三方机构	高校	企业	投资机构
经济	市场规模	★	★	★	☆
	市场定位	★	★	★	☆
	市场竞争力	★	★	★	☆
	市场生命周期	★	★	★	☆
	运营成本	★	☆	★	☆
	投资回收期	★	☆	☆	★
	投资回报	★	☆	☆	★
风险	法律风险	★	☆	★	★
	技术风险	★	☆	★	★
	管理运营风险	★	★	☆	★
	资金风险	★	★	★	☆

六、科技成果市场化评估方法

科技成果评估方法是一个多学科交叉融合、不断改进完善的研究领域。早期的评估主要是采用定性分析的方法，比如专家调查法、同行评议法，随着统计学、管理学、经济学等学科的发展，经济计量法、效用函数法等定量的方法被运用到科技成果评价中，使评估质量得到显著提高。目前实践中，都是将定性评估和定量评估结合起来。因为无论什么科技成果，都存在客观难以测量的特征，某些评估指标的分析需要借助专家的主观判断。主观评估方法的优点是原理上较为简单，操作上不需要高深的技术，在评估对象缺乏足够客观数据、需要进行主观判定和描述的情况下适用；其缺点是主要依靠经验做出判断，受主观因素影响较大，具有主观随意性和不公开性等特点，因此，难以保证评价结果的科学性和公正性。客观评估方法其理论具有扎实的基础，就方法本身而言可排除人为的随意性干扰，但其突出缺点是适用于标准客观且存在大量参考数据的情况下，在该方法实施中要增加很多约束条件，在现实中进行评估，评价对象往往不能完全满足其要求，更多时候需要先进行一系列的假设，在此基础上再进行数据处理，这样才能完成评估工作。因此，定性评估必须以数量界限为基础，定量评估必须以定性界定为前提，在科技成果评估中将二者结合起来才具有更强的实效性（韦颜秋和邹立尧，2015）。一般来说，技术方面的指标，如成熟度、先进性等由评估专家根据评估委托方提供的支撑材料，如技术参数、行业分析报告、检索报告等进行判断打分，然后根据事先确定好的权重进行加权求和。因此对这类需要判断打分的指标，指标内涵界定和一个公认的衡量标准尤为重要。经济方面的指标，如投入成本、预期收益等则需要采用科学、合理的测算方法进行量化计算。由于科技成果评估指标较多，这里仅选择几个常用的指标，对其评估办法进行讨论。

1. 技术价值评估方法

开展技术价值评估的目的是掌握科技成果有什么技术优势，还存在哪些短板，应该如何改进，被替代的可能性有多大，对配套技术或配套设备的要求是否能满足，这些都直接影响科技成果市场推广和应用的前景，决定商业化、产业化的预期收益，需要在实施转化前进行全面摸底。

（1）成熟度评价

科技成果成熟度，一般也称为技术成熟度，是综合反映科技成果的技术实用性程度、在技术生命周期中所处的位置以及实施该成果的工艺流程与所需配套资源的完善程度等，也是反映某个具体系统或项目中的技术所处的发展状态，以及该技术对于达到或实现该系统或项目预期目标的满足程度（吴寿仁，2018c）。

技术成熟度最早是在美国开始研究并运用的。20 世纪 80 年代，美国国家航空航天局为了规范和促进新技术开发，并提供一个技术人员与管理者之间的沟通工具，将技术就绪水平（technology readiness level，TRL）应用到新技术研发项目的管理中，最初 TRL 分为 7 个等级，主要针对飞行项目启动阶段进行成熟度评估，后来该体系扩展至 9 个等级。20 世纪 90 年代，美国国防部在重大采办项目管理中也引进了 TRL 的划分标准，以此来衡量武器系统关键技术的成熟度。目前，TRL 已经被改进并用于多个领域，如生物医学技术、信息保障技术、建模与仿真等。

2009 年中国标准化研究院、中国电子科技集团公司、北京加值巨龙管理咨询有限公司借鉴美国国家航空航天局的技术成熟度等级编制了我国的国家标准《科学技术研究项目评价通则》（GB/T 22900—2009），建立了基础研究、应用研究和开发研究项目的技术就绪水平量表（表4-8），用被评价科研项目所有工作分解单元的技术就绪水平量值的加权平均值来衡量技术的成熟度。虽然该国家标准主要用于对科研项目投入产出的评价，但其中对科技成果就绪水平的评价思路和计算方法被广泛借鉴。前面所列举的很多标准和规范对技术成熟度的判断都参考的是这个国家标准。

表 4-8　技术成熟度等级标准（通用型）

等级	特征描述
1	观察到原理并形成正式报告
2	形成了技术概念或开发方案
3	关键功能分析和实验结论成立
4	研究室环境中的部分仿真验证
5	相关环境中的部分仿真验证
6	相关环境中的系统样机演示
7	在实际环境中的系统样机实验结论成立
8	实际系统完成并通过实际验证
9	实际通过任务运行的成功考验，可销售

资料来源：《科学技术研究项目评价通则》GB/T 22900—2009，附录A表A.3。

在这个通用型技术成熟度等级表的基础上，一些评估机构制定了自己的评价标准，如中关村巨加值科技评价研究院（前身为北京加值巨龙管理咨询有限公司）根据科技成果转化全生命周期，将技术成熟度等级分为13个等级（何小敏和巨龙，2020），具体如表4-9所示。

表 4-9　中关村巨加值科技评价研究院技术成熟度等级表

等级	成熟度级别	含义
13	回报级	项目总收益-总收入≥0
12	利润级	累计净利润≥总投入的50%
11	盈亏级	销售量达到盈亏平衡点，累计净利润≥0
10	销售级	销售量≥盈亏平衡点的30%
9	系统级	具备大批量商业化生产条件，产品定型

续表

等级	成熟度级别	含义
8	产品级	小批量试产合格、图纸完整、工艺成熟
7	环境级	工程样机系统运行、例行环境试验合格
6	正样级	功能样机演示测试合格、工艺验证可行
5	初样级	功能样品、图纸+工艺设计、测试通过
4	仿真级	在实验室关键功能仿真验证结论成立
3	功能级	关键功能指标测试达到预期目标
2	方案级	提出了满足需求或解决问题的技术方案
1	报告级	发现新需求或新问题且明确表述出来

《国务院关于印发国家技术转移体系建设方案的通知》（国发〔2017〕44 号）提出推广技术成熟度评价后，国内一些机构或组织在不同的行业领域开展了技术成熟度评价方法的研究工作，并应用于评估实践。例如，2018 年 1 月，工业和信息化部组织起草了《新材料技术成熟度等级划分及定义》（GB/T 37264—2018），将新材料的技术成熟度划分为实验室、工程化和产业化 3 个阶段的 9 个等级，同时界定了成熟度划分的等级条件，具体如表 4-10 所示。

表 4-10　新材料技术成熟度等级划分

等级	技术成熟度描述	阶段
1	材料设计和制备的基本概念、原理形成	
2	将概念、原理实施于材料制备和工艺控制中，并初步得到验证	实验室阶段
3	实验室制备工艺贯通，获得样品，主要性能通过实验室测试验证	
4	试制工艺流程贯通，获得试制品，性能通过实验室测试验证	
5	试制品通过模拟环境验证	工程化阶段
6	试制品通过使用环境验证	
7	产品通过用户测试和认定，生产线完整，形成技术规范	
8	产品能够稳定生产，满足质量一致性要求	产业化阶段
9	产品生产要素得到优化，成为货架产品	

2020 年中国科技评估与成果管理研究会发布的《科技成果评估规范》

（T/CASTEM 1003—2020）里制定了"化学药品/生物制品技术成熟度等级表"，具体如表 4-11 所示。

表 4-11　化学药品/生物制品技术成熟度等级表

等级	等级说明
1	发现并验证靶标及通路
2	获得可确证功能及成药性研究的目的靶标分子/生物制品
3	完成药效功能确证和成药性研究，并形成系统性研究方案
4	完成临床前药学研究
5	完成临床前药理、毒理及药代研究
6	完成临床前研究，并获得药物临床试验许可
7	完成 I 期临床试验
8	完成 II 期临床试验
9	完成 III 期临床试验，并获得药品注册批件

注：对于"有条件批准上市"的新药，完成注册性临床研究，并获得药品注册批件后，技术成熟度即可评估为 9 级。

此外，不同的地方也选用或制定了不同的技术成熟度等级标准，在此不再一一列举。

对技术成果成熟度的计算，目前比较通行的做法是对被评价成果进行技术分解，建立工作分解结构，并确定每个工作分解单元（Work Breakdown Element, WBE）的交付物类型，然后根据通用成熟度等级标准或特定领域的技术成果成熟度等级标准确定每个工作分解单元的成熟度等级，进而通过加权计算科技成果整体的成熟度等级。

其中，工作分解结构是一种项目管理工具，是把技术研发项目逐层分解成较小的、更易管理的子项目或单元，并按一定的原则分类编成能表达层次关系的结构体系的一种方法（张娟，2016）。一般可用表格或树状图表示。

工作分解单元是能够独立表达、独立测量、独立交付的组成工作分解结构的基本单元，其形式可以是硬件、软件、工艺、方法等。

有学者通过计算所有分解单元的技术成熟水平量值的平均值来表征技术成熟度，其公式如下（刘云等，2021）：

$$TRI = \frac{\sum\limits_{k=1}^{9} k \times WBE(k)}{\sum\limits_{k=1}^{9} WBE(k)}$$

式中，TRI 为技术就绪指数（technology readiness index，TRI）；k 为技术就绪水平值，$k=1$—9；WBE（k）为技术就绪水平达到第 k 级的工作分解单元数量。

上述公式没有区分各工作分解单元的重要程度，本书认为，如果考虑各工作分解单元的重要性差异，可将科技成果的技术成熟度计算公式做如下改进：

$$TRL = \sum_{i=1}^{n} TRL_{WBEi} \times t_i$$

式中，TRL_{WBEi} 为第 i 个工作分解单元的技术成熟度等级，t_i 为第 i 个工作分解单元的成熟度权重，n 为工作分解单元的数量。

（2）创新度评价

技术创新度（technology innovation level，TIL）主要是用来衡量技术成果的创新性，通过对被评价的科技成果的创新点进行检索分析，根据查找的地域范围和应用领域的不同，从而判断该科技成果的创新度等级。技术创新度评价标准及等级具体如表 4-12 所示。

表 4-12　技术创新度等级表

等级	等级说明
1	在国内范围公开的论文、专利、官方网站或权威媒体报道等数据来源中且在该成果的应用领域中，未检索出与该成果创新点相同的信息
2	在国内范围公开的论文、专利、官方网站或权威媒体报道等数据来源中且在任何应用领域中，均未检索出与该成果创新点相同的信息
3	在国际范围公开的论文、专利、官方网站或权威媒体报道等数据来源中且在该成果的应用领域中，未检索出与该成果创新点相同的信息
4	在国际范围公开的论文、专利、官方网站或权威媒体报道等数据来源中且在任何应用领域中，均未检索出与该成果创新点相同的信息

注：在国内范围公开的论文、专利、官方网站或权威媒体报道等数据来源中且在该成果的应用领域中，检索出与被评成果创新点相同的信息，则该成果的技术创新度结论为"技术无创新"。

资料来源：中国科技评估与成果管理研究会发布的《科技成果评估规范》（T/CASTEM 1003—2020）附录 D。

对技术成果创新度的计算，可通过以下公式：

$$TIL = \sum_{i=1}^{n} TIL_{WBEi} \times P_i$$

式中，TIL_{WBEi} 为第 i 个工作分解单元的技术创新度等级，P_i 为第 i 个工作分解单元的创新权重，n 为工作分解单元的数量。

（3）先进度评价

技术先进度（technology advancement level，TAL）是衡量技术创新效果的指标，首先确定被评价成果所在领域的核心指标，然后将被评估成果的核心指标与该应用领域中其他类似技术的相同指标进行对比，根据被评成果证明材料和对照物证明材料的水平确定技术先进度等级。技术先进度评价等级具体如表 4-13 所示。

表 4-13 技术先进度等级表

级别	等级说明
1	该技术成果的核心指标暂未达到 2—7 级的任何要求
2	该技术成果的核心指标达到所在行业领域的国家标准、行业标准、地方标准或企业标准等各类指标中规定的最低值
3	该技术成果的核心指标达到所在行业领域的国家标准、行业标准、地方标准或企业标准等各类指标中规定的最高值
4	在国内范围内，该成果的核心指标值达到相同应用目的其他类似技术的相应指标
5	在国内范围内，该成果的核心指标值高于相同应用目的其他类似技术的相应指标
6	在国际范围内，该成果的核心指标值达到相同应用目的其他类似技术的相应指标
7	在国际范围内，该成果的核心指标值高于相同应用目的其他类似技术的相应指标

来源：根据青岛地方标准《科技成果标准化评价规范》附录 E 和行业标准《科技成果评估规范》（T/CASTEM 1003—2020）附录 F 整理。

如果衡量一项技术成果的先进程度需要考察的核心指标，包括性能或功能参数，一共有 m 个，可通过以下公式计算：

$$TAL = \left(\sum_{j=1}^{m} TAL_j \times q_j \right)$$

式中，TAL_j 为第 j 个核心指标的先进度等级，q_j 为第 j 个核心指标的重要性权重，m 为核心指标的数量。

（4）需求度评价

技术需求度（technology demand level，TDL），是用来衡量技术成果在改进某一核心指标性能参数的同时是否又使原系统增加了新的技术需求或是否使别的性能下降。技术需求度评价等级具体如表 4-14 所示。

表 4-14　技术需求度等级表

等级	等级说明
1	该技术成果不能满足系统改进的需求
2	该技术成果能满足系统改进对关键技术的需求，但降低了其他的系统性能且没有弥补这一缺陷的解决办法
3	该技术成果能满足系统改进对关键技术的需求，但降低了系统的其他性能但可以有弥补这一缺陷的解决办法
4	该技术成果能提高和改善系统关键性能，但增加了一些系统并不需要的功能或一些潜在的漏洞
5	该技术成果能很好地改进关键性能，既没有使别的性能下降也没有带来其他多余的功能

（5）可替代性评价

技术可替代程度（technology fungibility level，TFL）主要是考察系统对某项技术成果的依赖程度，反映的是被评估技术对整个系统的重要性。如果某项技术对整个系统来说具有不可分离性，那这项技术就是系统的核心技术和关键技术；如果这项技术还具有不可替代性，那这项技术的重要性水平就很高。某项技术的重要性水平高，系统对其的依赖程度也就越高，技术市场的需求就越大，成功转移的可能性也越大。技术可替代性评价等级具体如表 4-15 所示。

表 4-15　技术成果可替代性等级表

等级	等级说明
1	可以随时用另一项技术或元部件替代，不需对系统进行任何改变和重新调试
2	可以用其他技术或元部件代替，但需要重新对系统进行简单调试或更换或重新设计其他单个部件
3	可以用其他技术或元部件代替，但需要对系统进行较复杂的调试并需要对其他多个部件进行更换或重新设计
4	可以用其他技术或元部件代替，但需要对系统进行非常复杂的调试或需要更换或重新设计其他的大部分部件
5	该技术具有唯一性，不能用其他任何技术或元部件替代

2. 经济价值评估方法

根据国家标准《科技成果经济价值评估指南》（GB/T39057—2020）的定义，科技成果经济价值是指从科技成果转化和应用中获得的经济利益的货币衡量。经济价值评估是根据一定的目的和假设前提，按照一定的程序，综合运用相关理论、模型与方法，对科技成果经济价值进行分析、估算的过程。

经济价值的大小不仅仅取决于科技成果的技术价值，在转化中面临的各种风险都会直接影响科技成果商业化的效果，这些因素应该体现在经济价值评估的量化计算中。目前科技成果经济价值评估主要采取收益法、市场法和成本法等评估方法，三种方法有不同的适用条件。

（1）收益法

收益法是通过被评估科技成果未来预期能产生的收益以适当的折现率进行折现，以确定被评估科技成果价值的评估方法。当被评估科技成果的未来收益可以预测并可用货币衡量时，宜选用收益法。

收益法计算科技成果经济价值的基本公式为

$$V = \sum_{t=1}^{n} \frac{R_t}{(1+r)^t}$$

其中，n 为获利年限，R_t 为获利年限内的第 t 年的预期收益额，r 为折现率。

在进行科技成果经济价值评估时，最核心的工作就是确定三个关键参数，即获利年限、折现率的取值以及获利期内每年的收益额，并对其进行预测。这需要评估者结合技术评估、风险评估的情况以及市场规模、市场定位、市场竞争力、市场生命周期等因素进行综合判断，并构建适当的数学模型进行计算。科技成果获利年限一般由权利寿命、技术寿命以及经济寿命三者中较短者决定；折现率是投资者期望的投资报酬率，根据货币时间价值、相关风险来确定，包括无风险报酬率和风险报酬率，或者参考同行业其他类似技术产品的利润率；收益额则可以采用直接估算法、差额法和利润分成率法等方法进行计算，其中，直接估算法和差额法是通过同类产品和同行业收益水平的比较来估算预期收益额，但如果当被评估的科技成果不能单独使用，而只能与主体资产结合才能产生收益时，需要先测算出其整体资产的预期收益，然后从中提取科技成果的收益，这就要用到利润分成率法来进行估算。关于以上这些方法，学界已有较为深入的研究（张伴，2018；赵昕，2006）。还有一些地区或评估机构对收益法基本公式进行了细化和改进。例如，安徽省地方标准《专利价值评估技术规范》（DB34T 3582—2020）在收益法计算公式中，加入了研发成本作为保底收益等内容；连城资产评估有限公司在其发表的文章中介绍了运用收益法评估科技成果资产时如何确定折现率（刘伍堂等，2019）。但由于科技成果经济价值评估本身的复杂性、评估对象及其所在行业的差异性，上述三个参数的取值或计算目前尚未有统一的通用型标准，需要在实践中进一步探索。

（2）市场法

市场法是根据替代原则，将评估对象与可比参照物进行比较，以可比参照物的市场价格为基础确定评估对象价值的一种评估方法。可比对象选择时应满足三个条件：一是技术功能、创新性、成熟度等相同或相似；二是技术成果的权利状态相同或相似；三是所处的市场发展阶段相同或相似。因此市场法适用于具有活跃公开市场且具有状况相似的可比参照物的科技成果评估。但通常由于科技成果的创新性，很难找到同时满足上述条件的参照物，需要对参考对象的价值进行修正。

市场法计算科技成果经济价值的基本公式为

$$V = V_0 \times a \times b \times c \times d \times e \times \cdots$$

其中，V_0 为参照物技术的市场交易价格，a 为时间差异修正系数，b 为功能差异修正系数，c 为区域差异修正系数，d 为市场差异修正系数，e 为价格政策性修正系数。

对被评估的科技成果来说，市场上与它类似的已成交技术成果可能有一个，也可能有多个，参照物越多，准确性也越高，可以先参照不同的已成交技术成果通过基本公式进行初步测算，然后将这些测算结果进行加权平均。

采用市场法计算多个参照物的科技成果经济价值公式为

$$V = \frac{\sum_{i=0}^{n} V_i \times a_i \times b_i \times c_i \times d_i \times e_i}{n}$$

市场法的优点在于通过参照已被市场检验的科技成果成交价格来估计被评估对象的价值，其结果更易于被交易双方接受。局限性在于应用市场法估值的条件比较苛刻，有些科技成果难以找到合适的参照物，有些交易参照技术本身差异就很大，限制了该方法的广泛应用。

（3）成本法

一项科技成果从开始研发到产出成果，要投入各种直接成本和间接费用，包括研发人员劳动报酬、设计费、科研仪器设备使用费或租赁费、消耗的材料费、燃料与动力费、咨询费、会议费、评估费、知识产权申请与维持费、管理费等。在对其进行评估时，如果原材料的价格已经发生了变化，那么就需要按现行的价格来进行估算；如果该项成果在某项技术上已经落后于其他成果，估算其价格时就需要扣除价值损失部分。

成本法就是基于重新研发的假设，估算被评估科技成果在被评估基准日的重置成本，根据成果已发生的功能性贬值、经济性贬值等各种损耗计算其价值的方法。

成本法计算科技成果经济价值的基本公式为

$$V = V_c - D_f - D_e$$

式中，V_c 为重置成本，D_f 为功能性贬值，D_e 为经济性贬值。

或

$$V = V_c(1 - R)$$

式中，R 为贬值率。

成本法估价的局限性在于它的评估结果反映不出市场供求关系对其经济价值的影响，也不能反映科技成果的技术价值及其获利能力。因此成本法可用来确定科技成果交易价格的底线。

3. 风险评估方法

科技成果转化是一项高风险的活动，无论是技术、市场、运营还是知识产权保护等，各个方面都充满不确定性，这些不确定性发生的概率及对未来收益的影响程度直接关系到科技成果的价值，为此需要提前做好风险评估。

前面在分析评估内容时已经初步列出了风险评估的具体指标。在进行风险评估时，还需要进一步对每个风险指标进行风险因素识别，并对风险因素进行分类，判断各风险因素之间的关系，根据对未来收益的影响程度和范围识别出关键风险因素。然后通过适当的评估方法对风险等级、风险发生的概率等方面进行评估。

常用的风险评估方法分为定性评估和定量评估，定性评估通常采取德尔菲法、头脑风暴法等，通过专家判断得出风险评估结论，因为定性评估受主观性因素影响较大，通常与定量评估结合起来使用，如一些定量评估方法对权重的确定依然先请专家打分再进行量化处理。

传统的风险评估定量分析方法有蒙特卡罗模拟、图示评审技术和敏感性分析法，随着数学工具的发展，效用函数、模糊数学理论、灰色系统理论、神经网络理论等被应用到风险评估中。近年来，利用现代计算机编程技术开发相关的评估软件，以及利用大数据技术进行风险分析，这些都显著地提高了风险评估的效率和准确性。

由于上述风险评估方法已在风险管理领域得到广泛应用，这些方法的原理、步骤及使用条件可以参考其他相关文献，这里不再赘述。

七、对科技成果市场化评估的建议

1. 评估标准化与个性化相互结合

高校拟实施转化的技术成果大多为应用类科技成果。目前国内从国家、地方、行业、团体、学界等层面都在对此类成果的评估方法进行积极探索，《科技成果评估规范》国家标准也正在研制中，其中不乏一些可操作性强、已被实际应用并验证可行有效的评估办法。本书仅在已有的研究成果和实务规范的基础上，列出了几个关键指标的通用评价标准以及每种评估方法的实施步骤和最基本的算法公式，仅仅是搭起一个解决评估共性问题的初步框架。

在评估实务中，科技成果价值因使用场景的不同，价值判断的侧重点也不一样。以科研管理、考核评奖为目的的成果评估更注重成果的技术属性，主要围绕技术成熟度、先进性与创新性等方面开展评价，同时也会考虑市场应用和经济价值，但主要是考察已实现的经济效益；而面向转化的成果评估直接面向市场，对经济价值的考量是主要目的，需要通过评估来为交易价格、交易方式的选择以及资金支持、配套资源的获取提供参考，虽然也会开展技术价值评估，但主要是为经济价值评估的关键参数，如收益法的折现率、市场法的修正系数、成本法的贬值率等的确定提供依据，并最终体现在经济价值评估中。

即使都是面向转化的科技成果评估，在不同的商业化场景下开展评估的目的也有所不同，如供需双方选择技术成果交易方式和确定价格时对科技成果的评估，与金融机构投资前的评估使用的方法存在差异。并且，针对不同行业、不同专业领域的科技成果评估，所用的评判标准和计算办法也有区别。

除了要根据不同的评估目的选择适用的评估方法外，不同评估方法也有各自的适用前提。例如，经济价值评估常用的成本法、市场法和收益法，每种方法对数据搜集的要求都不一样。科技成果最终是以市场价格成交的，而市场价格必然要受到供求关系的制约，反映供求规律，因此不能脱离市场和供求关系去判断技术成果的某种内在价值。不同的定价方法可能导致评估结果存在较大差异，即使是同一种方法，因为评估专家的判断和经验不同，也会导致结果不同，所以应综合利用多种方法，从不同的途径进行评估。例如，在采用收益法估价时，由于未来预期收益的风险较大，可结合成本法估价，为收益法的应用提供一个参考价格的底线；在采用成本法进行评估时，利用市场法对相似的技术成果在市场上的交易情况进行对比，能够弥补仅用成本法而忽略市场需求等因素对评估结果产生的影响。当评估对象适用两种以上的评估方法进行评估时，宜同时选用所有适用的评估方法进行评估；当不同评估结果存在较大差异时，须对评估过程进行分析，选择最优评估方法的评估结果。

随着科技成果"五元价值"的提出，价值评估越来越多元化、差异化，对评价方法和评价工具的要求也越来越高，在评估实务操作中，摸索和积累更科学有效的评估方法、选择更合理的参数，需要不断在实践中打磨、验证、总结并形成理论指导，再反馈到评估标准的制定中，只有在解决共性问题的评估基本框架上，针对不同的个性问题，将"标准化"和"定制化"评估结合起来，才能全面、客观地反映出科技成果的真实价值。

2. 加强成果信息披露和评估监管

对科技成果开展评估需要提供必要的技术成果资料。评估机构掌握的信息越多，评估的结论越接近事实，如果高校提供的技术信息不全面，遗漏了关键信息，或是承担产业化的企业没有客观如实告知其转化能力、生产条件、市场推广能力等商业化信息，就可能会使评估结论存在较大偏差。

然而高校科技成果属于职务成果，存在发明人和权利人分离的问题，实施转化的不一定是发明人，提供的技术资料仅仅是一些显性技术参数，致使评估机构无法掌握隐性技术的情况，尤其是已经获得知识产权保护的科技成果，核心的技术秘密在发明人手里，高校并不掌握，造成评估时信息不对称。

科技成果转化是一种市场交易行为，只有减少交易标的物信息的不对称才能促进科技成果转移转化成为常态化的市场经济行为。要解决知识产权保护与信息不对称之间的矛盾，应充分发挥评估机构的防火墙作用。

一方面，推进科技成果商品化，建立科技成果信息披露标准，按秘密等级划定披露的范围，哪些信息需要对有意向承接转化的企业公开，哪些信息必须提供给评估机构，最大程度减少信息不对称给评估带来的影响。关于科技成果信息披露，首先是发明人要向高校主动披露；然后是向评估机构的主动披露。2020 年 2 月 3 日，教育部、国家知识产权局和科技部联合印发《关于提升高等学校专利质量促进转化运用的若干意见》，提出高校应从源头上加强对科技创新成果的管理与服务，逐步建立完善职务科技成果披露制度，科研人员应主动、及时向所在高校进行职务科技成果披露。2020 年 5 月 13 日，科技部、教育部联合发布《关于进一步推进高等学校专业化技术转移机构建设发展的实施意见》，也将健全职务科技成果披露制度纳入了高校技术转移机构建设发展的重点任务。至于向评估机构披露，2019 年 4 月发布的团体标准《技术市场交易标的信息披露》（T/ TMAC 010.F—2019）也开展了有益探索。

另一方面，加强对评估机构的监管。首先要加强对第三方评估机构的资质管理，建立评估机构资格认证制度，实施评估人员评估资格认定，同时要制定相配套的制约机制和责任追究机制。国务院办公厅印发的《关于完善科技成果评价机制的指导意见》（国办发〔2021〕26 号）中提出"推进评价诚信体系和制度建设，将科技成果评价失信行为纳入科研诚信管理信息系统，对在评价中弄虚作假、协助他人骗取评价、搞利益输送等违法违规行为'零容忍'、从严惩处，依法依规追究责任，优化科技成果评价行业生态"。除了政府监管外，还要充分发挥评价活动所涉及主体和来自社会公众的监督作用，共同促进评估机构自律、公平、公正，坚守职业道德，不泄密、不出具虚假评估报告。

3. 正确认识成果评估与交易定价

《国务院关于印发实施〈中华人民共和国促进科技成果转化法〉若干规定的通知》（国发〔2016〕16 号）中指出，"国家设立的研究开发机构、高等院校对其持有的科技成果，应当通过协议定价、在技术交易市场挂牌交易、拍卖等市场化方式确定价格"。科技成果评估既可以作为高校与意向企业谈判时出价的依据，也可以为技术交易市场挂牌的价格或者拍卖起拍价的确定提供参考，在一定程度上解决了定价难的问题。但是通过评估得出的参考值不一定就是最终的定价，评估值只反映科技成果的价值，成交价格可以等于其价值，也可以高于或低于其价值。科技成果定价是以达成交易为目的的，上述三种市场化方式定价的过程本身是一个讨价还价的过程，"讨价还价"是双方逐步"退让"、相向而行，并形成共识的过程，先由一方发出要约，另一方不接受又发出新的要约，如果对新的要约不接受，又提出新的要约，直到接受为止。这反映了对达成交易所抱持的态度与诚意，也是各自秉持独立交易原则的体现（吴寿仁，2017）。

反过来，市场化定价可以客观地反映市场需求，为科技成果评估结果验证提供参考。但通过市场化定价方式确定的交易价格不一定能反映科技成果的真实价值，价格的确定不仅与市场需求有关，而且与交易双方的谈判能力和博弈过程也有关，并且成交形式、支付方式也会直接影响同一个科技成果的交易价格。科技成果评估是一个全方位的多维度的价值评估，仅用一个交易价格来判定科技成果的价值难免太过片面。尤其对一些公益性的，有关环境问题、社会安全、科技伦理的科技成果，尽管是通过市场化的价格机制使资源配置暂时达到均衡，但从长远来看，这种均衡是局部的、不可持续的，可能造成市场扭曲或给社会带来不稳定的诱因，因此市场化定价不能代替科技成果评估。

　　当前我国技术市场发育还不够完善，技术评估机构专业能力有待提升，加之科技成果评估本身难度大、市场失灵等原因，对于同一项科技成果，可能会出现第三方机构提供的评估价值与市场化定价不一致的情况。因此，采取成果评估还是市场化定价需要视情况和目的而定，面向科技成果转化以交易为目的，应以市场方式定价为主，评估结果仅做报价参考；如果是面向考核、以衡量科研贡献为目的的则应以评估为主，这样更能客观地反映成果多方面的价值。

第五章 高校技术转移市场化运行的资金支持

当今世界科技经济一体化的趋势越来越明显。一方面，科技进步对社会经济增长的引擎作用愈加凸显，经济增长越来越依赖于科技创新；另一方面，科技创新又需要大量资金的投入和支持。大量事实表明，科技成果从实验室研发到中间试验再到规模化生产，资金需求量不断扩大，能否获得足够的资金支持成为直接影响高校科技成果转化成败的重要条件。在我国高校科技成果转化的发展进程中，财政支持发挥着重要的支撑作用，为一些关键战略领域的技术突破提供了资金保证。但随着科技创新速度加快，科技成果不断涌现，仅靠财政支持已经远远不能满足成果转化对资金的需求，必须进一步完善金融市场，充分发挥金融资本的支撑作用，使之成为高校科技成果转化的加速器，真正实现科技与金融的相互促进和深度融合。

一、资金来源概述

高校科技成果转化的资金主要来自财政支持和金融支持。

1. 财政支持

财政支持是通过无偿拨付的方式对科技成果转化活动进行资金支持，如财政拨款、财政补贴等，其中财政拨款指政府及其相关科技管理部门为支持科技成果转化活动而进行的经费支出，通常来说是国家财政预算内安排的科研支出，需要按照要求进行申请并通过竞争方式获得。

2. 金融支持

金融支持是指通过完善促进创新的金融政策体系、采取系统性的制度安排，利用多层次金融市场和多样化的融资工具，为科技成果转化提供资金支持，达到提高融资效率、分散创新风险、促进资金流动的目的。金融支持可以缓解高校科技成果转化的资金供求矛盾，使创新活动能够快速便捷地获得充裕的资金，减少融资成本，提高融资效率。同时，金融市场可以使分散的社会资本快速大规模聚集，并借助资产组合来分散和化解科技创新项目的收益性风险，使全社会为创新活动提供资金支持成为可能。而且，金融体系的流动性创造能力使得投资者在变现投资项目时更加便利，既有利于长期资本的形成，又促进了资金的流动。更重要的意义在于，金融体系越发达、越完善，有效获取和处理信息的能力就越强，更能增强投资者的信心，有助于他们做出判断，这种信息优势和监督优势使得资金流向那些预期收益好、市场潜力大的科技成果转化项目，从而实现金融市场对资源的有效配置。

其实，所有为高校科技成果转化提供资金的金融资产或权益凭证以及节约资金支出成本的财政政策和金融工具都可以被视作广义的资金支持。其中，提供资金的渠道包括政府财政拨款、科技贷款、创业风险投资、资本市场融资；节约支出的金融工具有税收减免和价格补贴等，此外还有分担风险的科技保险、融资担保等。本书主要探讨为科技成果转化提供资金支持的财政金融工具。

二、财 政 支 持

财政支持是一种以国家为主体的经济行为，是政府为优化资源配置、促进分配公平和社会经济稳定发展，而将国民收入用于满足公共需要的收支活动。高校和科研院所产生的科技成果属于公共物品，在促进科技创新和科技成果转化过程中，财政支持发挥着不可替代的作用。

财政支持科技成果转移转化有三种形式：一是财政拨款支持，政府利用财政资金直接向有关部门拨款用来定向支持科技成果转化。财政拨款是科技成果转化过程中的重要融资来源，也是一种影响范围较大、影响深远的融资手段。二是财政引导支持，包括政府通过设立引导基金来吸引、放大风险投资支持科技成果转化；通过风险补偿、融资担保、贷款贴息等方式鼓励金融机构支持科技成果转化。

三是政府通过节约支出的金融工具，如减免税及递延纳税等方式来对科技成果转化的收入进行调节，以提高科技成果转化参与各方的积极性。本书重点对专项计划和引导基金两种提供资金的金融工具进行分析。

1. 科技成果转化专项计划

一般由科技主管部门通过制定科技计划指南、相关单位申报、组织评审、下拨项目经费的形式，对科技成果转化进行资金支持。

目前，一些省市定期会发布相关的申报通知，高校如有符合申报指南的项目，可以提交申请书及相关材料，然后由科技管理部门组织评审，确定资助对象。例如，上海市科学技术委员会发布的 2022 年度"科技创新行动计划"科技成果转化服务体系建设项目包括技术转移示范机构培育、大企业开放式创新中心培育、科研机构概念验证中心培育、区域科技成果转化特色服务示范四个专题，其中，高校、科研院所等科研事业单位可以申请"科研机构概念验证中心培育"专项计划，对入选的项目，将获得最高 200 万元的专项资助经费。山西省 2022 年度科技成果转化引导专项项目重点资助高新技术成果、高价值发明专利和关键核心"卡脖子"技术成果转移转化，每项资助金额为 70 万—150 万元。河北省 2022 年重大科技成果转化专项分为重大科技成果转化（包括重点领域重大科技成果转化、中央驻冀院所重大科技成果转化、中国科学院重大科技成果转化）、应用场景建设、中试熟化基地建设 3 个主题。其中，重大科技成果转化每个项目财政资金一次性支持 200 万—500 万元，应用场景建设每个项目财政资金一次性支持 100 万—500 万元，中试熟化基地建设每个项目财政资金一次性支持 200 万—500 万元。

2. 科技成果转化引导基金

（1）科技成果转化引导基金的概念

引导基金是由政府或政策性金融机构成立的，旨在通过扶持商业性创业投资企业的设立与发展，引导商业基金、私人创业风险投资进入特定行业、特定区域，以及对初创期企业进行投资的、不以营利为目的的政策性专项资金。

根据《国家科技成果转化引导基金管理暂行办法》，国家科技成果转化引导基金是国家为加速推动科技成果转化与应用，引导社会力量和地方政府加大科技成果转化投入的鼓励性基金。它们本着遵循"引导性、间接性、非营利性、市场化"的原则，主要用于支持转化利用财政资金形成的科技成果，包括国家（行业、部门）科技计划（专项、项目）、地方科技计划（专项、项目）及其他由事业单位产生的新技术、新产品、新工艺、新材料、新装置及其系统等。

设立科技成果转化引导基金的目的是克服单纯通过市场配置创业投资资本的市场失灵问题。特别是通过鼓励创业投资资本"投早投小"，支持企业从事科技成果转化，弥补一般创业投资企业主要投资成长期、成熟期和重建企业的不足。

科技成果转化引导基金本身是创业风险投资的重要形式，其特殊性在于其引导作用，而引导性具体体现为"吸引"和"放大"风险投资。"吸引"是指政府通过财政资金注入风险投资有效地分摊和释放一部分风险，从而使社会资本可以较为放心地介入政府倾向的科技成果转化项目；"放大"是指政府的基金设立吸纳了社会资本，引导基金起到了乘数放大的作用。无论是"吸引"还是"放大"，都是将政府财政资金嵌入到金融交易结构中，以降低金融机构的交易风险和成本，从而解决科技融资的难题，促成科技成果转化。

（2）科技成果转化引导基金的政策演进

我国国家科技成果转化引导基金于 2011 年开始设立，至今已十年有余。这期间，相关政策不断完善，管理制度不断健全。

2011 年 7 月，财政部、科技部印发《国家科技成果转化引导基金管理暂行办法》（财教〔2011〕289 号），对国家科技成果转化引导基金的设立目的、资金来源、项目库建设和运行，组织管理以及设立创业投资子基金（以下简称"子基金"）、贷款风险补偿和绩效奖励三种支持方式进行了明确的规定。

2014 年 8 月，科技部、财政部印发《国家科技成果转化引导基金设立创业投资子基金管理暂行办法》（国科发财〔2014〕229 号），该文件的重要意义在于将政府引导与市场机制有机结合，带动金融资本、民间资本、地方政府和其他投资者共同发起设立子基金，充分运用市场规律，发掘科技成果的市场价值和科技企业成长价值，提供增值服务，形成以市场为导向的投融资新模式，创新了财政科技支持方式，有效提高直接融资在科技成果转化融资中的比重。

2014 年 9 月，科技部、财政部共同召开国家科技成果转化引导基金启动推进会，开通了转化引导基金官方网站和国家科技成果转化项目库网站；2015 年 12 月，科技部、财政部批复设立首批 3 只子基金；同月，科技部、财政部印发《国家科技成果转化引导基金贷款风险补偿管理暂行办法》（国科发资〔2015〕417 号）；2020 年，财政部印发《关于国家科技成果转化引导基金设立创业投资子基金收入收缴有关事项的通知》（财教〔2020〕94 号）；为进一步提高创业投资子基金规范化管理和专业化服务水平，提升运行效率，2021 年 3 月，科技部、财政部印发关于《国家科技成果转化引导基金创业投资子基金变更事项管理暂行办法》的通知（国科发区〔2021〕46 号）。

2021 年 11 月，财政部、科技部印发《国家科技成果转化引导基金管理暂行办法》（财教〔2021〕176 号），对实施了 10 年的《国家科技成果转化引导基金管理暂行办法》（财教〔2011〕289 号）进行了重大修订。新版办法与旧版办法最大的不同就是将贷款风险补偿、绩效奖励的支持方式删去，只保留了通过设立创业投资子基金的方式支持科技成果转化，这说明财政资金越来越多地以有偿方式替代无偿方式，更多地以市场化方式支持科技创新。同时，新版办法明确提出鼓励创新创业载体参与设立子基金，意味着转化引导基金支持技术研发中心、孵化器、大学研究机构参与设立子基金。此外，为了更有效地引导社会资本投资科技成果转化项目，2011 年版的《国家科技成果转化引导基金管理暂行办法》在要求"子基金应以不低于转化引导基金出资额三倍的资金投资于转化成果库中科技成果的企业"的基础上，增加了"且不低于子基金总额 50%"的要求，进一步强化了子基金设立的目的。2021 年版《国家科技成果转化引导基金管理暂行办法》还将引进理事会作为投资决策流程的一个环节，将旧版本中"转化基金专家咨询委员会"调整为"转化基金理事会"，使转化引导基金的运作进一步市场化。

通过十年的不断探索，科技成果转化引导基金管理越来越规范，规模也不断扩大。根据国家统计局发布的《中华人民共和国 2021 年国民经济和社会发展统计公报》，截止到 2021 年底，国家科技成果转化引导基金累计设立 36 只子基金，资金总规模达 624 亿元。子基金注册地分布在上海、北京、江苏、广东、湖南、福建、浙江、陕西、辽宁、山东、安徽、天津、河北、广西、青海、甘肃、黑龙江等省（自治区、直辖市）。主要投资方向包括先进制造、信息技术、新材料、新能源、节能环保、新能源汽车及相关产业、高技术服务、高端装备、电子信息、航空航天等战略性新兴产业。随着时间的推移和相关项目的逐渐成熟，2021 年开始，国家科技成果转化引导基金迎来收获期，已经陆续退出了多只子基金，以腾挪出更多的资金去扶持新生力量。

（3）科技成果转化引导基金的运作

转化引导基金通过设立创业投资子基金（以下简称"子基金"）的方式支持科技成果转化。子基金的设立有三种途径：一是由转化引导基金与符合条件的投资机构共同设立，为转化科技成果的企业提供股权投资，重点支持转化应用科技成果的种子期、初创期、成长期的科技型中小企业。二是鼓励地方政府投资基金与转化引导基金共同设立子基金。三是鼓励符合条件的创新创业载体参与设立子基金，加强投资和孵化协同，促进科技成果转化。

出资比例方面，转化引导基金不作为子基金的第一大股东或出资人，对子基金的出资比例为子基金总额的 10%—30%，其余资金由子基金管理机构依法募集。子基金应以不低于转化引导基金出资额 3 倍且不低于子基金总额 50% 的资金投资于转化利用财政资金形成科技成果的企业。其他投资方向应符合国家重点支持的高新技术领域。

存续期方面，子基金存续期一般不超过 8 年。存续期内，鼓励其他投资者购买转化引导基金所持子基金的份额或股权。存续期满，转化引导基金与其他出资人同股同权清算退出。转化引导基金转让子基金份额或股权取得的收入，以及从子基金清算退出取得的收入上缴中央国库。

三、创业风险投资

1. 创业风险投资的概念

关于创业风险投资，科技部等部门在 1999 年出台的《关于建立风险投资机制的若干意见》中做了这样的定义："风险投资（又称创业投资）是指向主要属于科技型的高成长性创业企业提供股权资本，并为其提供经营管理和咨询服务，以期在被投资企业发展成熟后，通过股权转让获取中长期资本增值收益的投资行为。"

创业风险投资属于直接融资、权益融资和外部融资。科技成果转化本身具有的高风险、高成长、高回报特点，与创业风险投资谋取高收益回报的属性存在天然的契合，因此在科技成果转化的各种融资来源中，创业风险投资具有显著的地位。

2. 创业风险投资的特点

（1）高风险和高收益并存

创业风险资本是专业投资机构在承担高风险并积极控制风险的前提下，投入高成长企业特别是新兴科技型企业并追求高额收益的金融资本。从企业生命周期角度看，创业风险资本是高新技术成长初期（种子期、初创期）最重要的融资途径。这是由于新兴的科技型企业通常拥有的是知识产权、专利、发明等无形资产，没有固定实物资产作为贷款的抵押和担保，很难从传统金融机构获得急需的资金，创业风险资本的注入无疑是雪中送炭，因而创业者往往也愿意向风险投资者让渡更多的股份，从而使风险投资者能够获得比传统金融机构更多的收益。接受风险投资的项目往往具有潜在市场规模大、高风险、高成长等特点，比如通信、信息技术、生物工程等高增长领域的高技术企业，这些领域的初创企业富有技术专长，可以将新技术转化为实用产品，甚至可以在一段时间内引领市场风向。比如，阿里巴巴、腾讯、百度都曾经接受过风险投资，并让投资人获得了极高回报。当投资人将资金投向刚成立或快速成长的新兴高科技公司时，将面临诸多不确定性因素，投资者是在承担很大的风险的基础上为新兴公司提供长期的股权资本和增值服务，若投资成功将会为投资者带来巨大收益，但若投资失败也会使投资者承受巨大经济损失。

毋庸置疑，创业风险投资是典型的高风险与高收益机会并存的投资。创业风险投资最终以出售股权获取高额回报为目的，以甘愿冒风险为前提条件，并且在退出所投资的企业后将资金再次投入类似的高风险企业中。

（2）"融资"与"融智"兼有

与传统的投融资不同，创业风险投资不仅仅为科技成果转化提供资金支持，其专业化的人才队伍还会为初创企业提供管理、技术、风险规避以及信息服务等方面的操作，并能给予被投资方在产业发展、公司治理以及上市融资等全方位的咨询服务，服务内容更加全面立体。因此，创业风险投资兼有"融资"与"融智"功能，通过科技金融人才与科技金融资本的融合，从而增加创业风险投资的附加值。从事创业风险投资的投资家大多拥有强大的技术背景、深厚的行业背景和广阔的市场渠道，具备丰富的经营管理经验，他们了解高新技术行业初创企业的发展困境，理解它们的商业模式，擅长从新技术和新产品中找到商机，同时能够深度挖掘创业企业的潜力，引领创业企业快速成长。虽然风险投资机构可以为科技成果转化的各个阶段提供资金支持，并以此为依据分得被投资企业的股份，还能获得该企业的经营或管理权限，但投资者并不以长期拥有所投资的企业为目的，其投资目标也不在于获取利息的回报和企业利润分红，而是通过自身的专业管理知识和经验，弥补被投资企业在管理和运营方面的不足，让企业能得到更加健康且长远的规划，实现规范经营，从而促进企业的发展和资产的增值，待时机成熟后，采取上市、并购或股权转让交易等方式退出，实现所投资本的回报，然后再寻找新的投资对象，如此循环往复。

（3）投资期较长，资金可分阶段投入

风险投资一般投资期较长，并在投资期的大部分时间里不需要被投资方提供回报。科技成果转化一般以科技成果的经济价值被发现为起点，以科技成果的经济价值得到实现为标志，创业风险投资在短期内（如两三年内）没有任何的返还或分红，甚至在实现利润之前可能还要经历较长时间的亏损期，需要不断地进行增资。投入周期长的特点也增加了创业风险投资所面临的风险，因此风险投资者需要甄别和挑选那些真正具有高成长性的科技型企业及其所拥有的巨大潜在商业价值的技术创新产品，同时创业风险投资者通常把所要投资的创业风险资金分阶段地投入，后一阶段创业风险资金以前一发展阶段目标实现为前提，这既是降低投资风险的手段，也是对创业企业的激励。

3. 创业风险投资的运作

完整的创业风险投资流程包括募集、投资、管理和退出四个阶段。募集，即资本动员，是指从资本市场上筹集资金的过程；投资阶段主要是根据具体情况选定投资项目，投入资金获取股权；管理则是投资方在企业运营管理等方面给予支持和建议，实现价值增值；退出，即根据投资项目的具体运行情况，选择适当的方式退出并获得收益。

（1）资金募集

目前国内比较成熟的出资人包括机构投资者、政府、企业和高净值人群。不同的资本来源影响着创业风险投资的方向、时机、偏好和退出。机构投资者一般是商业银行、信托投资公司、保险公司、社保基金、捐赠基金等；政府出资一般以引导基金的形式，如前面讨论过的科技成果转化引导基金就是创业风险投资的重要形式。引导基金并不直接投资项目，而是通过注资成立几个风险投资公司，引导吸引更多社会资本进入，形成混合型、多层次的风险投资公司，再投资到特定的创业型、科技型中小企业。一些大中型企业、上市公司及拥有大量财富的个人也是风险投资的主体，相对于机构投资者来说，他们更希望短期内得到投资回报，由于缺少委托管理的理念，他们既想做出资人又想做管理人，表现出想参股管理公司或参与投资决策，目前大多处于单打独斗的状态，未形成较有实力和影响的投资团体（曹荣，2019）。除以上这些常见的相对比较成熟的出资者，高校也开始通过科技园或资产公司参与到风险投资领域。比如，2019年在上海成立的杨浦科技园区联合成长投资基金，就是由上海联合产权交易所和复旦大学、同济大学、上海财经大学、上海理工大学等高校发起成立的，此外，杨浦区还与上海理工大学合作设立了规模为2280万元的"星火燎原"科技成果转化基金，主要服务高校和科研院所的科研成果，通过区级政府财政资金的投入，借助专业技术转移机构，联合有意向的产业部门，共同促进高校院所的科技成果转化（新华社，2019）。

（2）项目投资

创业风险投资者在选择项目时比较看重项目是否具有高成长性和良好的市场前景以及管理和运营团队是否足够优秀。前面第四章科技成果评估已经提到，根据"谁用谁评估"的原则，风险投资方在选择项目时有一套自己的标准。对高成长性的要求是由科技成果转化项目的高风险、高回报的特点决定的，投资者会结合个人的经验，对科技成果的优劣势进行判断，包括技术的成熟度、创新性、先进性、可替代性、知识产权、技术风险等。对市场前景的分析，主要根据市场规模、市场竞争力、所在行业的生命周期等进行预测。相较于技术成果本身的价值和市场前景，风险投资者对管理运营团队更为关注，甚至很多时候是决定投资的关键因素。不少投资者宁肯选择"一流的团队，二流的项目"，也不投资"一流的项目，二流的团队"。在投资者眼里，没有短板的管理者才是值得信赖的，被投资企业的创始人或管理者一定要符合他们的价值理念，具有卓越的团队领导能力、沟通谈判能力，还有沉着应对意外的应变能力和创新能力；同样，团队成员的协作、效率、对组织的认同感等都是投资者决定是否投资需要考虑的主要方面。因此，高校一方面要提高科技成果的质量，另一方面要严格挑选承接成果转化的企业或运营团队。

（3）项目管理

对确定好的项目投资后，投资方要进行投后管理。一方面要对被投企业进行监管，比如，定期检查企业的财务报告、考察企业经营计划的实施情况、控制企业融资行为、关注重大人事变动并在必要时加以干预。另一方面要为其提供增值服务。对于被投企业来讲，特别是处于种子期、创业期的企业，虽然在技术和产品上有优势，但缺乏把产品推向市场和大规模拓展的资源和能力，而这正是风险投资机构的擅长之处。风险投资专家不仅熟悉资本运作，深谙企业的经营管理实践，而且丰富的投资经历和管理经验使得他们熟悉企业的成长历程，风险投资机构可以利用自己的能力和资源优势，协助进行内部管理和运营规划、帮助企业开展后续融资、介绍有潜力的供应商或客户、提供法律和公共关系咨询等，使所投资的企业尽快成熟成长，使资本实现增值。

（4）资本退出

创业风险投资的资本退出是所有环节中非常重要的阶段，只有退出渠道畅通才能保证投资者踊跃地将资金投入企业。创业风险投资对企业的投资通常是有年限的。对创业风险投资的出资方和管理者来说，风险基金投资风险企业的目的并不是长期持有股份，而是使企业快速地成长起来，然后选择适当的时机退出，获取高额的回报，实现风险资本的循环流动投资，并不断获得高收益。所以，完善的风险投资退出机制有助于吸引更多的风险资本投资初创型高科技企业。从我国目前的情况看，创业风险投资主要退出方式是公开上市，这对企业和创业风险投资主体来说也是最佳的退出方式。另外也可以根据实际收益情况选择转让股份、回购、并购等方式；在项目失败的情况下，创业风险投资通过清算破产的方式实现被动退出。

四、资 本 市 场

资本市场是除创业风险投资之外，为科技成果转化提供直接融资的市场。资本市场亦称长期资金市场，它是买卖中长期信用工具、实现较长时间资金融通的场所，一般资金借贷期大于一年。可细分为股票市场、债券市场、基金市场、产权市场等。资本市场是市场经济发达程度的标志之一，在推动市场化资源配置机制的形成和完善，实现资源优化配置中发挥着重要作用。在科技成果转化过程中，资本市场以资本为纽带吸引社会资源向科技初创型企业聚集，主要通过证券市场进行融资，为高校科技成果转化提供有效动力。本章重点研究股票市场和知识产权证券化两种渠道对科技成果转化的融资支持。

1. 股票市场的融资支持

股票市场又为证券类资本市场，根据风险性、流动性不同，被分为不同层次和类别的市场，如场内市场和场外市场。2021 年以前，场内市场包括主板市场（深圳证券交易所的中小企业板已于 2021 年并入主板）、创业板或科创板市场、B 股和互联互通。上海证券交易所和深圳证券交易所均可以为上述交易类型提供服务。场外市场包括"新三板"（即全国中小企业股份转让系统）、区域性股权交易市场等。2021 年北京证券交易所设立后，场内市场新增了专门服务于创新型中小企业的交易场所，兼顾了上市公司监管的规范性和对发展阶段早、规模相对小的科创型企业的包容性，进一步完善了我国多层次资本市场，更好地适应了不同规模、处于不同生命周期的高新技术企业或科技型中小企业的融资需求。我国境内股票市场的构成具体如图 5-1 所示。

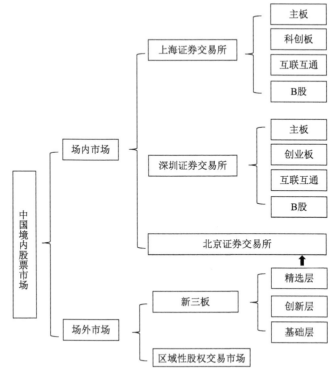

图 5-1　中国境内股票市场层次结构（李永森，2022）

由于科技成果转化形成的初创企业规模较小，很难达到主板市场对上市企业盈利和规模的标准要求。上海证券交易所的科创板、深圳证券交易所的创业板、新三板和北京证券交易所既可以为高校科技成果转化的创新型企业提供融资场所，也为前期创业风险投资的退出提供了渠道。

（1）创业板或科创板

创业板和科创板都是股票的场内市场，是我国多层次资本市场体系的重要组成部分。其中，创业板市场运行时间更长，于 2009 年 10 月在深圳证券交易所正式启动，而科创板 2019 年 6 月才在上海证券交易所开板。

创业板专门为那些暂时无法在主板上市的创业型企业、中小企业、高科技产业企业提供融资服务。与主板市场相比，创业板对于上市企业的要求比较低。对于成立时间较短、规模小、目前盈利不太多，但有较好内在潜质和较大发展空间的成长型企业，可以通过在创业板上市来获得融资。

科创板主要服务于符合国家战略需求、拥有关键核心技术、市场认可度高的高精专科技创新型企业，是首个实行注册制的场内市场。根据开板前上海证券交易所发布的《上海证券交易所科创板企业上市推荐指引》（上证发〔2019〕30号）和《上海证券交易所科创板股票发行上市审核问答》（上证发〔2019〕29号），科创板重点服务三类企业和六大领域。三类企业分别指：符合国家战略、突破关键核心技术、市场认可度高的科技创新企业；属于新一代信息技术、高端装备、新材料、新能源、节能环保以及生物医药等高新技术产业和战略性新兴产业的科技创新企业；互联网、大数据、云计算、人工智能和制造业深度融合的科技创新企业。六大领域包括新一代信息技术领域、高端装备领域、新材料领域、新能源领域、节能环保领域、生物医药领域。

为充分评估企业是否具备科技创新能力，《上海证券交易所科创板企业上市推荐指引》提出了六条评判标准，一是是否掌握具有自主知识产权的核心技术，核心技术是否权属清晰、是否在国内或国际上领先、是否成熟或者存在快速迭代的风险；二是是否拥有高效的研发体系，是否具备持续创新能力，是否具备突破关键核心技术的基础和潜力；三是是否拥有市场认可的研发成果；四是是否具有相对竞争优势；五是是否具备技术成果有效转化为经营成果的条件，是否形成有利于企业持续经营的商业模式，是否依靠核心技术形成较强成长性；六是是否服务于经济高质量发展，是否服务于创新驱动发展战略、可持续发展战略、军民融合发展战略等国家战略，是否服务于供给侧结构性改革。

科创板从成立之初就实行了注册制，对企业上市的审核更加注重信息披露的真实性，但对于企业上市的门槛有所降低，允许暂时没有盈利的科技企业挂牌上市。

无论是创业板还是科创板，都为高校科技成果转化提供了可供选择的融资渠道。通过市场来有效评价创业资产的价值，充分体现了市场的竞争机制和自愿选择原则，促进科技成果与资本的结合，推动知识经济的发展。同时也为风险投资基金的退出机制提供了"出口"，分散了创业风险投资的风险，促进了高科技投资的良性循环，提高了高科技投资资源的周期流动和使用效率。

（2）新三板

新三板市场是指自2006年起开设的非上市股份有限公司股份报价转让系统，是为扶持高新技术企业的孵化成长，推动科技成果加速转化而设立的场外交易市场，最初在中关村科技园区进行试点。2009 年 7 月，《证券公司代办股份转让系统中关村科技园区非上市股份有限公司股份报价转让试点办法（暂行）》正式实施。2012 年，试点范围扩大，除中关村科技园区外，新增了上海张江高新技术产业开发区、武汉东湖新技术产业开发区和天津滨海高新区。2013 年，证券监督管理委员会宣布新三板扩大到全国，对所有公司开放。

新三板市场的股份报价转让由投资者委托证券公司，对非上市股份有限公司股份进行代理报价、成交确认和股份过户，可以有效解决非上市股份有限公司在吸收风险资本投入、引入战略投资者、并购重组等方面面临的困境。

新三板市场运行效率高、融资成本低的优势为科技含量较高、自主创新能力较强的中小型非上市股份有限公司提供了一个有序转让股份的资本平台，为其利用资本市场创造了条件，满足了多元化投资和融资需求，解决了其资产价值评估、风险分散和交易等问题，同时完善了创业风险资本的退出机制。因此，新三板市场成了科技型企业的"资本孵化器"，也成为多层次资本市场的重要平台。

（3）北京证券交易所

近年来我国在鼓励大众创业万众创新方面积极探索，多层级资本市场不断完善，市场化改革进一步推进，2021 年 11 月 15 日，北京证券交易所正式开市。北京证券交易所定位于服务创新型中小企业，服务对象更早、更小、更新，与沪深交易所坚持错位发展与互联互通，可以视为新三板精选层的整体上移，成立后的运行情况显示，相较于之前的新三板精选层，无论是投资者数量还是企业挂牌意愿都显著增加；日均成交量、换手率等反映市场流动性的指标也明显提升，可以看出，北京证券交易所弥补和强化了现有沪深交易所转板功能，在新三板企业向北京证券交易所和北京证券交易所上市公司向沪深交易所"层层递进"的转板机制中发挥着重要的连接枢纽作用，在多层次资本市场中形成相互补充、相互促进的中小企业直接融资成长路径，助力创新型中小企业发展。同时，在股票发行制度方面，北京证券交易所直接采取了注册制。与以往的审批制和核准制相比，注册制将投资的决策权交给投资者，将定价权逐步交给市场，一方面让具有发展潜力和市场活力的创新创业型公司有发行上市的机会，另一方面也扩大了投资者的选择范围，发挥了市场机制在资源配置中的决定性作用。

2. 知识产权证券化的融资方式

随着社会各界对尊重和保护知识产权意识的提升，如何推动创新企业利用知识产权实现商品化和产业化，从而促进科技进步，也成为知识产权行业关注和探讨的重点。中小微创新企业因其轻资产、高投入、成长与风险并存的显著特点，单枪匹马很难从资本市场获得资金。通过知识产权证券化将分散在各个科技型企业的知识产权集中起来进行统一管理，建立一组能够产生未来现金流的资产组合，即资产池，通过价值评估具象化为可抵押的基础资产，用以融资，可有效破解创新型中小微企业融资难、融资贵、融资慢的问题。

（1）知识产权证券化的概念及特征

知识产权证券化是指将企业知识产权（专利、商标、版权等）在运营过程中所产生的收益请求权或应收账款债权，如许可使用费、质押融资还本付息，作为基础资产，以其未来所产生的稳定现金流作为偿付支持，通过结构化设计和信用增级，形成知识产权资产支持证券，在证券交易所公开发行和自由交易，以获得机构资金的融资过程。

概念的核心点在于企业知识产权已经被实质性应用，即已获得授权并进入实质性应用阶段，知识产权价值在生产过程中能够充分体现，并有效固化于主要成品之上，依托知识产权进行生产、销售所获得的收入占企业主营业务收入的比重较大。

知识产权证券化是为解决科创型中小企业融资难、融资贵、融资慢等问题而推出的一种新的金融操作。传统的银行贷款或质押融资方式，往往对融资对象有一定的要求，包括对企业的资质情况、质押物、担保措施等要求较高。知识产权证券化是将多个企业作为一个联合体进行融资，与知识产权质押融资等方式相比，知识产权证券化的融资规模更大，更有利于权利人获得充足的资金，这对企业、资本市场和政府部门来说，都具有重要意义。特别是对于科技企业而言，通过对企业拥有并使用的知识产权进行市场化定价实现资产货币化，不仅凸显了知识产权的价值，而且通过证券化融资盘活了知识产权资产，扩展了其价值实现方式；以公开市场作为融资渠道，降低了融资成本，增强了知识产权资产的收益性和流动性，使企业能够获得规模更大、成本更低、效率更高、更为稳定的资金支持，同时因进行证券化的资产是企业许可他人实施知识产权所取得的应收账款，而非知识产权本身，因而保留了企业对知识产权的权利，有利于企业自主经营管理。

知识产权证券化具有以下主要特点：第一，风险隔离性。在知识产权证券化的模式设计中，通过资产的"真实出售"，在用以融资的资产与原始权益人的其他资产之间构建破产防火墙，有效保护投资者的资金和收益安全。第二，非公开发行。知识产权证券化产品在公开市场上采用非公开（私募）的形式，向特定合格投资者进行发行销售。第三，标准化设计。知识产权证券化产品的运作核心，是对非同质的知识产权资产通过合适的机制设计进行证券化改造，形成标准化产品，以便于银行等机构投资者进行投资。第四，交易流动性。知识产权证券化所形成的资产支持证券在公开市场进行交易流通，或作为质押标的进行三方质押式回购融资。第五，规模化操作。由于单一中小企业的知识产权未来现金流有限，因此知识产权证券化通过建立专利资产池，将多个创新型中小企业的知识产权联合到一起，组合构成知识产权证券化项目来进行融资。

（2）知识产权证券化的政策演进

我国从 2015 年开始逐步从制度层面上正式支持进行知识产权资产证券化业务。2015 年 3 月，中共中央、国务院印发《关于深化体制机制改革 加快实施创新驱动发展战略的若干意见》，提出要"探索开展知识产权证券化业务"，2018年《关于支持自由贸易试验区深化改革创新若干措施的通知》中鼓励"支持在有条件的自贸试验区开展知识产权证券化试点"，与此同时，支持海南自贸区、雄安新区、粤港澳大湾区、中国特色社会主义先行示范区等开展知识产权证券化试点的文件相继出台，随后，2020 年《关于做好自由贸易试验区第六批改革试点经验复制推广工作的通知》将知识产权证券化作为金融开放创新领域改革事项在全国范围内复制推广，并在此后的多个文件中提出要"规范探索知识产权证券化"。从表 5-1 中文件出台的时间顺序可以看出，从"探索"到"鼓励"，再到"要求""加快推进""复制推广""规范"，我国知识产权证券化虽然起步较晚，但在相关政策的支持下，一些先行地区已经进行了积极的探索并取得了有益的经验，知识产权证券化业务正在蓬勃发展。

表 5-1　推进知识产权证券化的相关制度一览

时间	发文机构	文件名称	相关内容
2015 年 3 月	中共中央、国务院	《关于深化体制机制改革加快实施创新驱动发展战略的若干意见》	提出要探索开展知识产权证券化业务
2015 年 3 月	国家知识产权局	《关于进一步推动知识产权金融服务工作的意见》	鼓励金融机构开展知识产权资产证券化，发行企业知识产权集合债券，探索专利许可收益权质押融资模式等
2015 年 12 月	国务院	《关于新形势下加快知识产权强国建设的若干意见》	创新知识产权投融资产品，探索知识产权证券化
2016 年 12 月	国务院	《"十三五"国家知识产权保护和运用规划》	探索开展知识产权证券化和信托业务，支持知识产权出资入股
2017 年 9 月	国务院	《国务院关于印发国家技术转移体系建设方案的通知》	开展知识产权证券化融资试点
2018 年 4 月	中共中央、国务院	《中共中央、国务院关于支持海南全面深化改革开放的指导意见》	鼓励探索知识产权证券化，完善知识产权信用担保机制
2018 年 9 月	国务院	《中国（海南）自由贸易试验区总体方案》	鼓励探索知识产权证券化，完善知识产权交易体系与交易机制
2018 年 11 月	国务院	《国务院关于支持自由贸易试验区深化改革创新若干措施的通知》	鼓励支持在有条件的自贸区开展知识产权证券化试点
2019 年 1 月	中共中央、国务院	《关于支持河北雄安新区全面深化改革和扩大开放的指导意见》	支持在雄安新区探索推广知识产权证券化等新型金融产品
2019 年 2 月	中共中央、国务院	《粤港澳大湾区发展规划纲要》	开展知识产权证券化试点
2019 年 6 月	国务院知识产权战略实施工作部际联席会议办公室	《2019 年深入实施国家知识产权战略加快建设知识产权强国推进计划》	鼓励海南自由贸易试验区探索知识产权证券化，鼓励雄安新区开展知识产权证券化融资
2019 年 8 月	中共中央、国务院	《关于支持深圳建设中国特色社会主义先行示范区的意见》	加快实施创新驱动发展战略，探索知识产权证券化，规范有序建设知识产权和科技成果产权交易中心
2020 年 4 月	中共中央、国务院	《关于构建更加完善的要素市场化配置体制机制的意见》	积极探索通过天使投资、创业投资、知识产权证券化、科技保险等方式推动科技成果资本化
2020 年 4 月	财政部、国家知识产权局	《关于做好 2020 年知识产权运营服务体系建设工作的通知》	要求获得支持的重点城市依法依规推进知识产权证券化
2020 年 4 月	国家知识产权局	《推动知识产权高质量发展年度工作指引（2020）》	加快推进知识产权证券化试点
2020 年 5 月	国务院知识产权战略实施工作部际联席会议办公室	《2020 年深入实施国家知识产权战略加快建设知识产权强国推进计划》	加快推进知识产权证券化试点，推动上海、深圳证券交易所等相关单位开展知识产权证券化工作

续表

时间	发文机构	文件名称	相关内容
2020 年 7 月	国务院	《关于做好自由贸易试验区第六批改革试点经验复制推广工作的通知》	将知识产权证券化作为金融开放创新领域改革事项在全国范围内复制推广
2020 年 10 月	国家发展和改革委员会等六部门	《关于支持民营企业加快改革发展与转型升级的实施意见》	规范探索知识产权证券化，推动知识产权融资产品创新
2021 年 8 月	国务院办公厅	《关于完善科技成果评价机制的指导意见》	在知识产权已确权并能产生稳定现金流的前提下，规范探索知识产权证券化
2021 年 8 月	国务院	《关于推进自由贸易试验区贸易投资便利化改革创新若干措施》	在符合条件的自贸试验区规范探索知识产权证券化模式
2021 年 11 月	国务院	《国务院关于开展营商环境创新试点工作的意见》	完善知识产权市场化定价和交易机制，开展知识产权证券化试点

（3）知识产权证券化的运作流程

第一，专利资产池构建。由拟融资企业（拥有知识产权的发起人）填写基本情况表，知识产权运营机构挑选出符合条件的专利，通过不改变专利所有权的许可方式组建专利资产池，基础资产入池标准主要有以下 5 个方面：①要法律清晰，即知识产权权利没有法律瑕疵，形成基础资产的合同、许可等合法有效；②权属必须明确，即知识产权及其资产权益的原权利人没有法律或诉讼等纠纷；③知识产权及其资产权益的转让无限制，原始合同约定满足基础资产转让条件；④形成的基础资产到期期限应该在证券化产品结束之前；⑤形成的基础资产足够分散、期限内回收的资金足够覆盖证券投资款及收益。

第二，形成资产支持证券。知识产权运营机构将知识产权资产集合转让给特设机构（special purpose vehicle，SPV），通过对专利进行重组，以未来的知识产权许可收入为基础资产设计知识产权证券化产品，形成可自由流通的权利凭证，即资产支持证券（asset-backed security，ABS）。

第三，信用评级与增级。SPV 聘请信用评级机构进行 ABS 发行之前的内部信用评级；根据内部信用评级的结果和发起人的融资要求，采用相应的信用增级技术，提高 ABS 的信用等级。

第四，发行资产支持证券。SPV 委托承销商向投资者发行 ABS，以发行收入向知识产权的所有者支付知识产权未来许可使用收费权的购买款项。

第五，偿还投资者本息。知识产权的所有者或其委托的服务人向知识产权的被许可方收取许可使用费，并将款项存入 SPV 指定的收款账户，由托管人负责管理，并按期对投资者还本付息。

（4）发展现状及前景

随着国家对发展知识产权证券化的支持，各地政府纷纷大力推进知识产权证券化项目并发布了相应的配套文件，支持推进知识产权证券化，出台了一系列的金融优惠政策，给予了知识产权证券化很大的补贴力度。很多具有潜力的高新企业通过参与知识产权证券化获得了更低成本的融资，优化了企业资源，提升了资本市场关注度，拓宽了融资渠道，使企业的技术研发走向良性循环，推动了产业与科技的进步。

根据中国技术交易所 2022 年 2 月份发布的《2018—2021 年中国知识产权证券化市场统计报告》，截至 2021 年 12 月 31 日，在深圳证券交易所和上海证券交易所设立发行的知识产权证券化项目共 59 单，累计发行规模 149.18 亿元。其中，2021 年发行规模 96.23 亿元，显示出强劲的发展势头。

知识产权证券化是近几年才出现的新生事物，由于起步较晚，相关政策还不完善，比如知识产权证券化适用的法律法规比较分散，尚未出台专门针对知识产权证券化的政策。建议出台专门的针对知识产权证券化的法律和政策文件、编制颁布《知识产权证券化操作指南》，为各单位探索开展知识产权证券化业务提供有益的、可操作的指导意见，一方面可以扩大社会对知识产权证券化的认知，另一方面也更有利于业务发展（鲍新中等，2021）。

此外，由于知识产权本身是一种无形资产，当传统的证券化操作应用于知识产权这种无形的资产时，将引起一些特殊的风险，体现在知识产权价值的不稳定、税收政策适用性、底层企业违约、法律风险等方面。比如市场价值的时效性、产权范围的不稳定性、基础资产的可重复利用性、被未来新技术超越或取代的可能性等，导致知识产权的未来收益存在着不稳定性。又如，知识产权证券化业务的不同模式、不同方式，适用的税收政策不同，将产生不同的法律后果，也会在很大程度上影响税务处理。另外，由于合作专利企业多为高新技术企业，科技研发成本高，经营活动不确定性较大，若未依约履行义务给付回款，将可能触发知识产权证券的违约风险。法律风险是知识产权证券化最重要的风险类型，知识产权因无效撤销、侵权或知识产权权利人破产等法律事实造成知识产权无法正常实施，影响现金流和收益的实现，都会对知识产权价值造成巨大的负面影响（葛爱峰和陶炜，2022）。因此，还需要采取一些措施来规避相关风险，促使知识产权证券化得到更加健康、完善的发展，更充分地发挥其帮助企业融资、促进科技创新的作用。

五、科 技 贷 款

1. 科技贷款的概念及特点

科技贷款是指科技型企业、科研院所、孵化器、科技园等与科技创新密切相关的市场主体从银行或民间获得的信贷资金，这部分资金被用于支持新技术或新产品的研发和商业化以及技术改造与技术引进。

科技贷款是高校科技成果转化重要的间接融资途径，属于外部融资、债务融资。按照科技贷款供给方的不同，科技贷款可以被分为商业银行科技贷款、政策性银行科技贷款和民间金融科技贷款。科技贷款具有以下特点。

（1）科技贷款风险大

由于科技产品具有技术更新快、生命周期短和产品创新性强等特点，科技型初创企业的技术风险较大，且处于竞争性领域，淘汰率高，市场前景充满不确定性，加之一些处于初创期的企业规模较小、信息透明度低、资信实力不强、财务体系不完善、管理不够规范、管理团队不稳定、运营经验缺乏，有可能在较长的一段时间内没有稳定的现金流来定期支付利息，使科技贷款面临多重风险。同时，和传统银行贷款相比，由于科技型企业属于轻资产企业，科技贷款面临的信用风险也更大、安全性更差；如果银行缺乏既懂金融又懂高新技术产业的科技金融人才，还将面临科技贷款的评估风险。这些都是科技贷款风险普遍高于传统银行贷款的原因。

（2）科技贷款成本高

金融机构在放贷前需要对放贷对象的固定资产数量和本身经营状况等进行审

核，而高校科技成果转化形成的初创企业为轻资产的市场主体，其核心资产为专利、科技成果等无形资产，缺少可供抵押的固定资产，只能以知识产权作为抵押。但无形资产价值波动大、流动性差，并且由于知识产权保护等原因，技术信息不够透明，银行为降低风险，将其与科技型中小企业之间的信息不对称状况降到可接受的范围内，需要进行大量的贷前审查和贷后监督，投入的调查成本相对于传统行业大得多。此外，科技型中小企业的科技贷款量一般较小，银行无法获得规模效应，这实际上也使银行科技贷款管理成本增加。为弥补其承担的比传统贷款更高的管理成本，科技贷款利率一般较高，反过来也增加了科技成果转化企业的融资成本。

（3）科技贷款创新性强

我国的银行体系以国有银行为主，缺乏竞争意识，对资金的安全性考虑得较多，主要客户群体一般是国有大中型企业，创新性业务开展比较被动、消极。股份制商业银行和地方商业银行的整体实力、经营理念、业务范围相对落后，承接风险较大的科技贷款的能力不足。银行开展科技贷款时，面对的科创型企业各具特色，技术路线、盈利模式、产品特点都各不相同，常规的信贷审批方式和手段难以适应，因此需要银行进一步提高认识，主动作为，根据科技型企业的融资特点，创新贷款方式，在金融产品、服务模式上不断优化，在专业化经营、特色化发展、体系化运作等方面积极探索。同时在政府层面，要加快企业和个人信用体系建设，对现有国家金融政策和银行工作管理规定中阻碍和限制创新型贷款模式探索的条款进行深入研究，出台相关配套政策或实施办法。

2. 科技贷款的主要模式

不同类型的高新技术企业以及处于不同发展阶段的企业适合不同的贷款模式。针对科技企业的贷款模式主要有以下几种。

（1）统借统还贷款模式

统借统还贷款模式是一种典型的"银政企合作"的贷款模式，是政府与银行搭建融资平台，为科技型中小企业提供具有政策优惠贷款的一种模式。统借统还贷款的期限一般为1—2年，在操作中具有集中授权、批量发放风险限额的特点。对于科技型企业，此种模式下的科技贷款具有筹资成本低的特点。

（2）知识产权质押贷款模式

知识产权质押贷款是指高新技术企业以合法拥有的专利权、著作权、商标权等知识产权经评估作为质押标的物从银行获取贷款的一种融资方式。知识产权质押贷款期限灵活，可以帮助科技型中小企业解决因缺少不动产担保而带来的资金紧张难题，满足科技型中小企业的融资需求。目前北京银行、交通银行等金融机构都已经针对科技型中小企业开展了知识产权质押贷款业务。

（3）创新型担保贷款模式

常见的创新型担保贷款模式有高新技术企业联保贷款、创业风险投资机构担保贷款及其他模式。

高新技术企业联保贷款是高新技术企业成员组成联保小组，互相提供担保以申请科技贷款的一种贷款模式。高新技术企业联保是增强科技型中小企业信用的重要途径，有利于参与联保的各高新技术企业互相监督，对于减少银行与科技型中小企业的信息不对称、降低银行风险有重要作用。

创业风险投资机构担保贷款，即创业风险投资机构为高新技术企业提供担保，以申请科技贷款的一种贷款模式。创业风险投资机构担保贷款是银行与创业风险投资机构合作的重要模式，是银行跟进投资的一种方式。

针对科技型企业的贷款还有一些其他模式，例如，搭桥贷款是为满足借款人短期流动资金需求，以未来所获得政府拨款等经营性现金流作为还款来源而发放的过渡性贷款，银行可针对科技型中小企业、科研机构开展科技专项经费搭桥贷款，以解决其短期流动资金需求，促进其发展（闫傲霜等，2020）。

3. 发展现状及前景

以银行贷款为代表的间接融资一直是企业融资的重要渠道。尽管造成我国科技贷款发展困难的原因很多，但在建设创新型国家、鼓励创新创业的趋势下，解决科技型中小企业贷款难的问题一直被政府重点关注和不断推动。尤其是知识产权质押贷款和科技贷款担保在近几年得到了较快的发展。

2006年，北京市经纬律师事务所联合交通银行和北京银行等机构在北京正式推出知识产权质押贷款业务，随后上海浦东新区、武汉等地也开始进行中小企业知识产权质押贷款试点。为进一步在全国范围推广和深化知识产权质押工作，国家知识产权局分别在 2009 年 1 月和 9 月推出了两批国家知识产权质押融资试点单位，这些试点单位主要面向中小企业，通过运用知识产权质押贴息、扶持中介服务等手段，降低企业运用知识产权融资的成本，包括后来的浙江省杭州市"平台+银行+担保公司"合作模式、商标专用权直接质押贷款，以及江苏省开创的国内首笔无资产抵押、无第三方担保的知识产权质押贷款。这些做法均为其他地方知识产权质押贷款的开展提供了很好的借鉴。

2019 年 8 月 20 日，中国银行保险监督管理委员会联合国家知识产权局、国家版权局发布了《关于进一步加强知识产权质押融资工作的通知》（银保监发〔2019〕34 号），对优化知识产权质押融资服务体系、加强服务创新、健全风险管理、完善保障条件四个方面提出了一系列的支持措施，并开通了网上办理专利质押登记业务通道，使专利质押登记办理更加便利。目前除山西、西藏等省（自治区）外，大部分省（自治区、直辖市）都出台了知识产权质押贷款的相关政策文件。"十三五"期间全国专利质押融资金额达到 4705 亿元，是"十二五"期间的 3.1 倍。其中，2020 年专利质押融资金额达到 1558 亿元（吴珂等，2021）。

为更好地开展知识产权质押融资，2020 年 7 月 1 日李克强总理在主持召开国务院常务会议时指出，要鼓励商业银行在国家高新区设立科技支行，支持开展知识产权质押融资。总体来看，鼓励商业银行发展科技金融的政策环境不断优化，但仍需对符合科技型企业需求的业务流程、审核标准以及对贷款业务部门的激励机制等方面加强进一步探索。

科技贷款是一种债务融资，信用担保非常重要。完善的融资担保机制既可以增强金融机构实现债权的信心，也有助于对高校科技成果实施转化的创新型企业通过第三方担保获得贷款。当前我国正在加快构建科技融资担保体系，积极探索融资担保和再担保机构建设，创新科技型中小企业担保模式。部分省市科技管理部门、国家高新区开始设立非营利性的、专门的科技担保公司，已经设立的地方则通过补充资本金、担保补贴等方式进一步提高担保能力，推动建立科技型中小企业贷款风险多方分担机制。比如，安徽省科技厅积极支持安徽省科技融资担保公司对省科技融资担保基金开展市场化运作，为全省高新技术企业、科技型中小企业融资提供担保服务，积极探索破解科创型企业融资难题的安徽模式。目前，安徽省科技融资担保体系已初步建成，实现省市县三级"全覆盖"。同时安徽省经济与信息化厅通过"信用担保+降费奖补+代偿补偿"政策组合拳，为中小微企业融资增信，帮助"缺抵押、缺信用"的中小微企业跨过"首贷"门槛，解决贷款"从无到有"的重要环节（中国电子报，2022）。又如，上海浦东科技融资担保有限公司（原上海浦东科委下属的浦东生产力促进中心的科技融资担保平台）联合 20 余家合作银行，于 2021 年推出了"知识产权快易贷"担保产品，因其流程短、审批快、手续简便，得到了科技企业和合作银行的普遍欢迎，当年就为企业解决了融资需求 8000 万元（上海知识产权，2022）。

开展科技贷款的前提是能够有效控制科技贷款的风险。目前部分商业银行已建立起多层次的风险分担补偿机制，积极利用政府为扶持科创型企业发展而设立的贷款风险专项基金，或者与保险公司合作，由保险公司设计专门针对科创型企业融资贷款的新型保险，当不良贷款发生时，商业银行可借助保险公司的理赔来降低风险。

此外，中国人民银行还联合其他相关部委下发文件，支持银行业金融机构加大创新力度，开展科创型企业投贷联动试点工作（中国银监会等，2016）；通过科技创新再贷款向金融机构提供低成本资金，引导金融机构在自主决策、自担风险的前提下，向科技企业发放贷款，撬动社会资金促进科技创新（中国人民银行等，2022）。总的来说，在政府的大力推动、引导和支持下，银行科技贷款业务正在快速发展，相信随着相关措施的落实和实践的不断深入，科技贷款将在科技成果转化金融支持中发挥越来越重要的作用。

六、对高校技术转移资金支持的思考

1. 多元化的科技成果转化资金支持体系正在形成

科技成果转化一般会经历技术开发、中试、试产、规模化生产等过程，每个阶段面临的风险不同，技术开发阶段的风险主要为技术风险，中试阶段主要是资金风险，试产阶段主要表现为市场风险，而规模化生产阶段面临最大的风险是收益风险。一方面，实施科技成果转化的企业作为资金需求方，由于不同阶段面临的风险和可获得的收益不同，其对资金的需求也不尽相同；另一方面，不同投资主体的投资力度、对风险的耐受程度以及对需求方的收益现金流的要求也不同。因此，需要多元化的科技成果转化投融资渠道，各种融资手段相结合，以满足不同转化阶段对资金的需求，促进科技成果顺利转化。

从前面的分析可以看出，目前我国已经初步建立了以财政支持、创业风险投资、科技贷款、资本市场等为主要融资方式的科技成果转化资金支持体系。根据成果转化各阶段的风险和资金需求特点，从技术开发到规模化生产的各个阶段，可以依次通过政府财政支持、创业风险投资、科技贷款和资本市场来获得资金支持。前两个阶段由于科技成果还没有投入市场，不仅没有财务收益，而且资金占用的时间长短不确定，需要能够等待并有风险承担能力的资金，因此政府财政支持和创业风险投资是比较合适的选择；后两个阶段科技成果转化形成的商品虽然开始进入市场，但在试产阶段还面临较大的市场风险，财务绩效处于不稳定的状态，同时对资金的需求量开始加大，需要投资者有等待长期收益的耐心，这一时期需要能承担风险的长期投资，可以考虑创业风险投资和科技贷款。进入规模化生产阶段，市场风险逐渐降低，收益逐渐趋于稳定，但规模的扩大对资金的需求量相应加大，此阶段成果转化已基本完成，企业进入成熟期，有比较稳定的现金流，可以通过资本市场或银行贷款进行融资，使前期进入的资金逐步退出，实现新老资金的转换。

如图 5-2 所示，资金支持体系的多层性和融资渠道的多样性可以满足不同风险收益偏好、不同投资风格和不同金融服务的需求，也为不同阶段、不同规模的科技创新型企业提供了更多可选择的融资和发展平台。

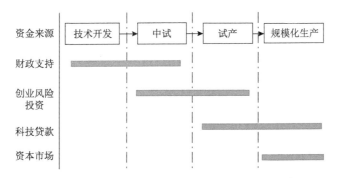

图 5-2　高校科技成果转化各阶段与融资方式的对应参考图

2. 金融市场服务科技成果转化的效能尚待提升

尽管目前支持我国高校科技成果转化的多层次资金支持体系已初步建立，但金融市场服务科技创新的效率和能力还不能满足创新创业活动对资金的数量和时效性的需求，许多环节还存在堵点，高校科技成果转化仍然面临融资渠道少、资金投入不足的困境，需要高校和金融机构的双向努力。

一方面，高校要在提高技术成熟度方面下功夫，减少技术风险；加强知识产权保护，避免涉及知识产权被侵权的事件发生，减少投资方的顾虑；同时从体制机制上解决高校科技成果转化审批手续多、耗时长、流程复杂等难题，缩短技术成果进入市场的时间，将投资方期望获得投资回报的时间节点提前，增强其信心和耐心。

另一方面，充分调动各方积极性，大力发展科技金融。银行业作为我国金融业的主体，应发挥科技金融主力军作用，例如，政策性银行应在职责范围内，为国家重大科技攻关计划和项目提供长期资金支持；大型商业银行应优化资源分配，全方位支持先进制造业、高技术制造业、战略性新兴产业等领域的科技创新；中小银行应贴近市场和客户，重在加大服务"专精特新"科技型企业的力度。证券公司、基金公司、理财公司等应发挥牌照多元、机制灵活等优势，将服务科技创新作为重要使命。

具体而言，须从直接融资和间接融资两个方面，更好地满足科技创新对金融服务的需求。首先，应大力挖掘资本市场潜力，扩大科技型企业股权融资。科技型企业具有高成长性，但也存在投资周期长、投资风险高等问题，其特点与股权融资更为契合。一是采取差异化措施，优先支持创新能力强、发展潜力大的科技型企业在主板市场上市，降低融资成本和企业杠杆率；重点扶持"更早、更小、更新"的科技型企业，推动更多"专精特新"科技型企业在北京证券交易所、科创板、新三板等上市。二是进一步畅通创业投资资本退出机制，比如，进一步完善多层次资本市场体系，更好发挥公开市场对创业投资资本退出的重要作用；支持发展"股权投资份额承接基金"，发挥其盘活股权投资基金资产的作用；完善股权并购相关法律体系，优化各类并购投资和借助并购投资实现资本退出的市场环境。

其次，要用好金融科技，提升间接融资服务科技创新的效能。银行应破除对抵押担保的过度依赖，探索将商标、专利等作为授信依据，大力发展知识产权质押融资；根据科技型企业轻资产等特点，在保持商业可持续发展的前提下，开发更多信用贷款产品，更好地满足企业需求。用好大数据、人工智能、物联网等技术，在依法合规的前提下，获取更多科技型企业信用数据和其他替代性数据，为下一步产品和服务创新奠定基础。同时，充分运用金融技术赋能，加大对科技型企业的信息收集、风险识别与监测的力度，提高产品匹配的精准度和风险防控的有效性。鼓励保险机构完善科技保险产品体系，形成覆盖科技型企业研发、生产、销售等各环节的保险保障，加大科研物资设备和科研成果质量的保障力度。依托再保险服务体系，为科技保险有效分散风险（董希淼，2022）。

3. 进一步处理好财政支持与金融支持的关系

作为科技成果转化资金支持系统的两大重要板块，财政与金融在实现高校科技成果顺利转化的过程中发挥着不同的作用。其中，财政支持的作用主要是引导商业性金融资本投资于市场失灵程度更高的早期企业；商业性金融支持则主要是运用市场法则，引导科技创新资源合理配置和货币资金的合理流动。

由于科技成果转化具有公共事业的特征，不可避免存在市场失灵的问题。科技主管部门通过对科技计划项目拨款、设立政府引导基金、税收优惠等手段，可以有效弥补科技成果转化早期市场失灵及多层次支持系统建设过程中暂时存在的市场缺失问题，激发金融市场将资本投向科技成果转化的积极性，从而促进科技创新和成果转化。近年来，国家鼓励各地方设立政府引导基金，各级政府引导基金发展迅猛，规模已经位列世界前列。但粗放式的发展和"一市一策"的鼓励政策使引导基金在引导作用发挥方面存在以下两方面问题：一方面，一些创业投资基金因政府财政出资参与，仍然在沿用行政机构或传统国有企业的管理模式，还没有建立起适合风险投资运作的市场化的激励和约束机制，造成风险投资机构人员积极性不高，素质及管理经验欠缺，大部分风险投资基金对投资项目后期的管理与辅导跟不上，不能很好提供"扶上马送一程"的增值服务。在监督机制不完善的情况下，还容易造成管理效率低下并滋生机会主义等问题。另一方面，一些地方的政府引导基金过度商业化转型。设置政府引导基金的目的是有效引导子基金投资于早期企业等市场失灵程度高的领域，因此无论是在资金来源还是在运作管理上都应坚持政策性原则，然而，我国一些政府引导基金演变成为商业性母基金，难以保证有效引导子基金投资最需要国家支持的早期企业，违背了政策性引导基金的初衷。因此，为有效发挥政府引导基金的作用，既要克服行政管理倾向，也要克服过度商业化倾向；既要促进政府引导基金从管理职能向服务角色转变，同时也要落实引导基金的让利于民措施，规范引导基金的支持方式，严格引导基金的支持标准，切实发挥引导基金引导所支持的市场化子基金"投早投小"的政策性作用。

尽管财政资金支持在科技成果转化初期能缓解部分融资难的问题，克服早期的市场失灵现象，但这只是辅助性、阶段性的。科技成果转化本身就是一种市场行为，融资活动也应遵循市场规律。随着科技成果转化的进程，资金支持往往是由政策性支持转向商业性支持，商业性金融逐渐成为聚合社会资本、开展风险投资的主体。此时的财政支持虽然不那么直接，但仍然在引导商业性金融发挥市场配置资源作用方面不可或缺。例如，通过税收优惠、设立贷款风险补偿基金、健全科技型企业贷款担保体系，将财政资金间接嵌入商业性金融交易结构，建立起政府和金融各方责任共担和损失分担机制，从而降低金融机构的放贷风险和成本，增进其收益，提高金融机构支持科技创新型初创企业的积极性。

第六章　市场化运作下的国有资产管理改革

高校技术转移的对象是职务科技成果，对公立高校来讲职务科技成果属于国有资产，在科技成果的处置、收益分配、激励制度设计等方面都需要按照国有资产管理的相关制度和流程办理。高校科技成果的国有资产属性被普遍认为是制约高校技术转移市场化进程的主要因素，国有资产管理严苛，既影响了科技成果转化的效率和高校科研人员参与科技成果转化的积极性，同时国有资产流失问责又成为悬在学校负责人头上的"达摩克利斯之剑"。因此妥善解决好高校职务科技成果的国有资产管理问题是高校技术转移市场化运作的前提和先决条件。

一、相关概念与理论基础

1. 高校国有资产管理

国有资产是属于国家所有的一切财产和财产权利的总和。根据国有资产与社会经济活动的关系，国有资产可分为经营性国有资产、行政事业性国有资产和资源性国有资产；按国有资产存在的形态划分，可分为固定资产、流动资产、无形资产、对外投资等；按管理体制划分，国有资产分为中央国有资产和地方国有资产。

国有资产管理活动主要包括投资管理、经营管理、收益分配管理和产权管理，国有企业所拥有的国有资产管理由国务院国有资产监督管理委员会实施管理和监督；金融企业和行政事业单位所拥有的国有资产由财政部实施管理和监督（钟冲等，2022）。

事业单位国有资产坚持所有权和使用权相分离的原则，实行国家统一所有，政府分级监管，单位占有、使用的管理体制。事业单位国有资产管理职责主要包括办理国有资产配置、处置和对外投资等事项的报批手续，以及负责用于对外投资、出租、出借和担保的资产的保值增值，并按规定及时、足额缴纳国有资产收益等。

高校是我国事业单位的重要组成部分，根据《事业单位国有资产管理暂行办法》（财政部令第 100 号），高校占有、使用的，依法确认为国家所有，能以货币计量的各种经济资源都是国有资产，包括国家拨给高校的所有资产以及运用国有资产组织收入形成的资产。

高校国有资产所有权属于国家，由高校代表国家行使使用权。根据高校主管部门的不同，具体的国有资产管理细则也不完全相同。对教育部直属高校来说，其国有资产管理由财政部综合管理，教育部负责监督管理，高校负责本单位国有资产管理的具体事项，包括登记、处置、对外投资等。

2. 产权理论

产权理论认为，交易成本不为零的情况下，权利的初始分配将对资源配置效益产生影响。能够保证经济高效运行的产权安排应当具有以下特征：第一，明确性，即财产所有者的各种权利和义务清晰、完整。各主体地位明确，谁拥有什么和拥有多少可以确定；所有者有维护好其所拥有要素的义务，谁拥有要素资源的所有权，谁就要维护。比如，技术成果所有者要延长这一技术知识产权的有效性，需要缴纳专利维持费。第二，专有性，因一种行动而产生的收益或损失都直接与有权采取这一行动的权利人相联系；而当产权归属发生争执、非所有人妨碍所有人行使权利或被他人侵权时，可以请求赔偿损失。第三，可转让性，权利可以通过市场交易，被运用到最有价值、最需要的地方。第四，可操作性，制度安排与权利界定在实践中可行。

实现资源最优配置的前提是产权明确。国家、企业、高校和个人拥有要素的多少、投入的多少是利益分配的基础。要激发所有者投入的积极性就要用法律的形式确认所有者的权利地位，以及要素利用者在经济运行中的利益，使他们的权利得到保护。因此，高校开展技术转移工作，首先要明晰各要素的所有者对要素占有的合法性，要素所有权的确认意味着所有人对技术成果的占有、使用、收益、处分的权能。在社会主义市场经济条件下，所有权主体呈现多元化，体现为国家所有、个人所有和混合所有等，对于国家所有的财产应当确认为国家有权占有、使用、收益和处分的财产，任何人不得不经国家允许擅自占有和使用，更不能从中受益。对于个人所有的财产，同样任何人也不得随意改变个人所有的产权。对于混合所有，即一个组织的财产权利由多个主体共同所有，各方都拥有充分行使所有权的要求，因而所有权形式通常以股权方式获得。在高校科技成果转化中，权属清晰是确保转化实施的关键，产权结构合不合理或是否清晰，都会影响交易成本，进而影响交易行为能否完成。

确认了所有权之后，所有者可以自己使用要素并据此获得效益，也可以将所有权的占有、使用、收益和处分四项权能进行分离和组合，让其中的一项或多项权能同他人进行交易从而获得报酬（周晓唯，2005）。因此在社会主义市场经济中，为实现对资源要素的最佳利用，可以变革公有财产具体利用方式，也就是说在法律允许下，科技成果的所有权、使用权和收益权可以分离。

在高校科技成果转化中，要提高要素资源的配置效率，需要建立一种能激励科技成果所有者和使用者积极性的制度，使成果所有者和使用者的利益得到合理分配。按照西方经济学的研究成果，私有产权对资源的利用更为有效，而我国的实践表明提高资源配置效率还可以通过变革分配模式来实现。比如，在确认公有产权的同时，将所有者和使用者分离，所有者和使用者各自拥有合法地位，享有行使权能而应获得的利益，比较常见的做法就是通过股份制或混合所有制形式，使投资主体多元化，将被动经营逐渐转变为自主经营、自负盈亏、自我发展、优胜劣汰的市场化运行模式。

二、高校职务科技成果的资产属性及其特点

1. 高校职务科技成果的资产属性

根据《中华人民共和国专利法》（2020 年修正）第六条"执行本单位的任务或者主要是利用本单位的物质技术条件所完成的发明创造为职务发明创造。职务发明创造申请专利的权利属于该单位，申请被批准后，该单位为专利权人"和《中华人民共和国促进科技成果转化法》（2015 年修订）第二条"职务科技成果，是

指执行研究开发机构、高等院校和企业等单位的工作任务，或者主要是利用上述单位的物质技术条件所完成的科技成果"，判断一项科技成果是否是职务成果，需要这个成果至少满足其中一个条件，其一是执行所在单位的工作任务获得的成果；其二是成果的取得利用了本单位的物质技术条件。

由于职务科技成果是高校教师利用国家财政拨付的科研经费，在学校研发平台、科研设备仪器等物质条件的支持下，完成国家相关部门和企业的科技项目或单位批准的立项课题等工作任务所形成的科技成果，根据事业单位国有资产管理相关办法，高校职务科技成果属于事业单位的国有资产（白景明等，2020）。因此高校职务科技成果转化要遵循事业单位国有资产管理相关规定，包括办理科技成果入账、在实施转化前要开展资产评估备案、产权登记，以及投资监管和后续的收益管理等。

2. 高校职务科技成果的资产特殊性

高校职务科技成果属于国有资产，使用和处置国有资产都需要遵循国有资产管理的相关制度。因此高校科技成果转化既是科技成果商品化的过程，也是处置国有资产的过程，需要同时遵循技术创新规律和国有资产的处置流程。

（1）高校职务科技成果存在多个权利主体

权利归属是职务科技成果的核心内容。职务科技成果权利包括所有权、知情权、使用权、收益权、处置权等各种权利。在高校科技成果转化的过程中以及后期的各种分配、奖酬制度都是以职务发明权利归属和分享机制为前提的。根据《中华人民共和国专利法》第六条，在没有约定的情况下，高校职务科技成果的权利归属于单位，如果"单位与发明人或者设计人订有合同，对申请专利的权利和专利权的归属作出约定的，从其约定"。可以看出，我国高校的职务发明采用的"单位优先"的权属规则，即职务科技成果的专利权一般由高校享有，虽然双方"约定优先"可以超越"单位优先"，但其适用范围有限，使科技成果转化产生较高的交易成本，还可能产生单位国有资产流失的嫌疑，故在实践中高校对这种约定确权的做法都比较谨慎（葛章志，2016）。

高校职务科技成果在转化前，权利主体主要包括国家、高校或者成果完成人，国家拥有技术成果的所有权，由高校代为持有和使用。2015 年修订《中华人民共和国促进科技成果转化法》后，将科技成果的使用权、处置权和收益权三权下放给高校，发明人则只有署名权等精神权利，以及职务发明奖励请求权等经济权利。由于国有资产所有权与管理权的分离，所有者与管理者存在多层的委托代理关系，使用、处置国有资产经常需要层层审批，才能实施相关经济行为，致使审批的时间成本较高（张妍和郭文君，2019）。

（2）高校职务科技成果是需要持续投入的国有资产

高校科技成果是在前期高校提供科研环境、物质条件和科研时间的情况下科研人员通过自己创造性的智力劳动、付出精力和努力获得的，高校和科研人员双方都有投入。而且科技成果跟传统的有形资产不同，后者一般随着使用时间的推移会有不同程度的耗损，除了一定的维修保养费用外，也不需要后期再进行大量投入。但高校科技成果是以技术知识、专利等形态存在的无形资产，这些成果大多数只通过了实验室的验证，要转化为现实生产力，还要进行后续的研发、中试、熟化、试产、规模化生产等过程，这些都需要投入大量的资金和人力资源。这也意味着这个过程不仅需要高校和科研人员的共同努力，而且还需要企业、金融机构等多方面的参与，而这些机构在成果转化中注入的资源必然会使其单纯国有资源的性质发生改变。因此，需要注意平衡好两种利益关系：一是高校与成果完成人之间的平衡，无论是前期学校物质条件的投入与科研人员的精力付出，还是后期学校在成果推介、供需对接、融资等方面所做的工作与科研人员对技术的改进完善之间，都需要找到合适的方法来衡量双方在国有资产价值变化中发挥的增值作用，为设计更为合理可行的激励机制提供依据；二是作价投资形成的国有股权与其他经济主体利益之间的平衡，只有照顾到企业、投资机构等多方利益关系，才能实现职务科技成果的顺利转化。

（3）高校职务科技成果价值不稳定导致资产评估难度大

高校科技成果因为其后续技术研发、市场前景、投入资源的不确定性，科技成果转化有其自身的发展规律，具有风险高、时效性强的特征。首先，受科技成果成熟度、市场竞争、项目管理、宏观经济环境、技术更迭等多重因素影响，科技成果转化活动充满不确定性。其次，科技成果转化具有经济活动的属性，从宏观看，受地方经济发展形势、产业发展前景的影响，从微观看，受供需关系、经济要素配置效率的影响，各种宏观和微观影响要素都可能随时发生变化，因此科技成果转化活动具有时效性强的特征。预测科技成果的价值是世界难题，一方面，科技成果的价值取决于未来能够取得的收益，而不是前期研发投入，如果最终没有市场化推广应用，科技成果的价值等同于零；另一方面，由于科技成果具有创新性，很难在市场上找到同类产品作为价格依据，因此在真正投入市场转化之前，未来的收益预测是没有事实依据的，商业价值能否实现充满了未知，因而很难对科技成果进行准确的价值评估。

三、现行国有资产管理对高校技术转移市场化运行的影响

1. 国有资产保值增值要求不符合科技成果价值变化规律

高校职务科技成果作为国有资产，在转化过程中做到保值增值不流失是高校无法回避的责任。《中央级事业单位国有资产使用管理暂行办法》（财教〔2009〕192 号）第三章第二十九条规定，"财政部、主管部门应加强对中央级事业单位国有资产对外投资的考核。中央级事业单位应建立和完善国有资产内控机制和保值增值机制，确保国有资产的安全完整，实现国有资产的保值增值"。

科技成果转化市场化运行的本质是将科技成果作为一个商品进行交易，而交易价格一方面由科技成果的价值决定，另一方面也受市场供求关系的影响；而且随着知识更新迭代速度的加快，科技成果转为产品推向市场的过程充满各种风险，最终能否转化成功也存在不确定性，这导致科技成果的价值随时可能发生变化，保值增值也变得难以控制。

如果采取转让或许可的方式，科技成果的价值评估和定价直接关系国有资产管理责任，成交价格过低难免会有国有资产流失之嫌，但科技成果本身具有不易准确评估价值的特点，这对高校相关管理者来说存在责任风险。如果采取作价投资的方式进行转化，根据 2019 年 3 月 29 日财政部新修订的《事业单位国有资产管理暂行办法》第八条，事业单位"负责本单位用于对外投资、出租、出借和担保的资产的保值增值"，高校相关管理人员又可能面临两种风险：其一，如果成果转化不成功，而成果却已进行评估且计入国有资产账面价值，则未来要面临无

法实现国有资产的保值增值的状况；另一方面，如若成果成功实现转化，则要面临未来成果增值与原始评估值存在差异所带来的后续审计风险，以及成果转化完成后，多轮社会资本引入导致国有股权被稀释，进而国有资产收益减少被审计认定国有资产流失的风险。尽管《实施〈中华人民共和国促进科技成果转化法〉若干规定》提出，科技成果所属单位领导在履行勤勉尽责义务，没有牟取非法利益的前提下，免除其在科技成果定价中因科技成果转化后续价值变化产生的决策责任，但对是否做到"勤勉尽责"难以衡量。在这种情况下，高校从保证国有资产安全完整的角度出发，在处理成果转化的相关问题时更倾向采取保守的不转化策略来规避责任，这种谨慎的做法必然影响其开展科技成果转化的主动性。

但实际上，躺在国有资产账面上的职务科技成果，只是一个数字，并无经济价值，这就违背了科学研究与社会服务的初衷。已经有越来越多的人认识到，科技成果转化可能会带来国有资产账面上的损失，但科技成果的取得凝聚了前期科研经费的投入和科研人员的精力和心血，不转化才是最大的损失和浪费。高校应该承担起相应的社会责任，如果担心国有资产流失而怠于开展科技成果转化，从表面上看是保全国有资产的稳妥做法，但实际上阻碍了科技成果推动社会经济进步和创造更多社会财富的通道，从全社会范围看，最终可能造成国有资产的实质性流失。

2. 国有资产管理严苛影响了科技成果的自由流动

高校技术转移市场化运行的先决条件是科技成果具有自由流动性。高校职务科技成果的国有属性决定了科技成果转化需严格按照国有资产管理相关规定，例如，科技成果在转化前需要将处置方式以及科技成果的资产评估结果向主管部门备案或审批，但由于评估和审批程序冗长而复杂，使科技成果的自由流动在漫长的等待中受到限制，错过最佳的市场交易机会。

为解决上述问题，促进科技成果转化，围绕简政放权，国家修订出台了相关法律法规，如2015年修正后的《中华人民共和国促进科技成果转化法》将科技成果使用权、处置权、收益权下放给高校，规定高校对其持有的科技成果，可以自主决定转让、许可或者作价投资；2017年教育部办公厅下发的《关于进一步推动高校落实科技成果转化政策相关事项的通知》（教技厅函〔2017〕139 号）提出优化科技成果转化流程，简化评估备案管理；2019 年 3 月财政部对《事业单位国有资产管理暂行办法》进行了修订，规定高校在科技成果转移转化过程可以自主决定是否进行资产评估，可以自主决定转让、许可或者作价投资，不需报主管部门、财政部门审批或者备案。

但在实践中，高校虽然在决定是否评估和制定备案管理制度上获得了自主权，但由于科技成果转化后续价值可能发生较大变化，且越是交易价格低的科技成果转化后发生增值的可能性越大，因此在具体实施过程中，高校普遍反映由于没有相应的参考标准和操作依据，判定是否应进行资产评估存在困难。尤其当前我国正处于制度调整和完善阶段，存在政策体系不健全或配套政策缺位的情况，有高校担心国有资产流失被追责，出于审慎监管和保护技术转移当事人的考虑，规定除普通许可之外所有的转化方式均须进行资产评估（陈乐平，2020），并遵循高校国有资产处置的规范要求，即按照 2012 年印发的《教育部直属高等学校国有资产管理办法》（教财〔2012〕6 号）执行。根据该文件第二十二条和第三十三条要求，高校处置国有资产或利用无形资产对外投资的，依然需要按 500 万元、800 万元的分档标准，履行相应的审批、审核手续；根据第二十四条，利用非货币性资产进行对外投资，仍需对拟投资资产进行评估，并按规定履行备案或者核准手续。

以教育部直属高校（非财政部改革试点单位）为例，若高校想将一项无形资产增资给学校的某个全资公司，该全资公司以该无形资产评估作价与某民营上市公司成立一家新公司所需要的审批流程为：①校内审批；②根据无形资产价值情况（是否达 800 万元）报教育部审批、财政部备案或者报教育部审核、财政部审批；③对所转让无形资产进行资产评估备案；④学校全资公司接受无形资产，办理变动产权登记；⑤资产公司对外出资时对该无形资产进行资产评估备案；⑥所成立新公司办理国有资产产权登记。完成上述全部流程短则近一年，长则需要近两年时间（黄亮，2015）。

然而，成立公司仅是公司运营周期的起点。公司成立后，如果要真正取得科技成果转化带来的高额收益，则需经过一定的国有股权运营过程，如公司融资、国有股权被稀释，国有股权的转让、划转，办理国有资产产权登记证等。从实践来看，上述每个国有股权运营环节均需要较长的审批周期，由此导致较高的交易成本。

审批时间长与科技成果转化强调时效性相矛盾，导致成果变"陈果"，可能使有意向承担转化的企业错失商业时机，影响了它们开展科技成果转化的热情；部分社会投资人甚至表示不愿投资具有国有股东的创业公司，因为国有股权管理审批的时间成本高，管理不规范的风险大，一旦某审批环节出现问题，造成国有股权管理瑕疵，将对未来公司上市形成一定的障碍（张妍和郭文君，2019）。可见，高校科技成果处置权虽然在名义上下放给了高校，但是在实际落地的时候仍然受到重重束缚，这依然是导致高校职务科技成果转化难的一个重要因素。

3. 科技成果的国有属性弱化了对发明人的经济激励

一个市场活跃的前提条件，是买卖双方都有着强烈的交易需求（黄晓艳，2014）。然而高校作为非营利性教育组织，具有公益性的特点，《中华人民共和国高等教育法》第二十四条明确规定，高校"不得以营利为目的"。高校的主要职能是人才培养、科学研究和社会服务。尽管高校开展科技成果转移转化是履行其社会服务职能的重要方式，但高校作为一个以财政拨款为主要经费来源的组织，并不具有追求科技成果转化收益的足够动力。作为职务成果创造者的高校科研人员，深谙科技成果的核心技术和特点，了解其产生的过程，熟知该成果的优势和短板，也可能同时掌握背景知识产权，在技术方面处于主动地位，促进科技成果转化的动力本该更足。但由于没有成果所有权，成果完成人在收益分配方面又处于被动地位。尽管成果完成人享有奖励请求权，相关法规也规定要将成果转化收益按比例奖励给成果完成人，但由于职务科技成果的国有资产属性，所有权归国家所有，无论是现金奖励还是股权奖励都是国有资产的再分配，都需要经过一定的程序。尤其是在作价投资转化方式下，科技成果转化形成的股权也是国有资产，对发明人实施股权奖励更为复杂，按照相关规定，国有股权转让给个人时，需要按照法定程序经过多个部门审批，审批时间极其漫长。这种奖励的延迟性和审批程序的复杂性使本该属于科研人员的奖励和报酬能否兑现存在很多不确定性，从而导致各种激励政策可能落实不到位，直接影响发明人的积极性。

经验证明，技术转让方只有享有对成果占有、使用、收益、处分的权利，才会真正产生参与市场交易的主观意愿和积极性。因此，对科技成果所有权的界定关乎着整个成果交易市场的活力和发展潜力。在科技成果转化过程中，只强调科技成果的国有资产性质而不考虑利益的分享，只要求有关科技人员无私奉献而不以产权作为激励，不能很好地调动创新者开展科技成果转化的积极性。只有建立起符合市场规律的，能够使收益与成本、付出和风险相匹配的产权制度和分配制度，才能真正激发科研人员参与科技成果转化的积极性。

从以上分析可以看出，高校科技成果的国有资产属性不可避免地使转化过程管理充满行政色彩，与市场经济环境下的价值变化规律、资源自由流动、现代产权理论等不相符合。可以探索将使用权、处置权、收益权进行分离，或形成多元产权结构，建立相应的激励机制，使参与转化的机构和个人通过努力也能得到合理收益，从而促进高校科技成果转化提高效率，加速科研成果实现其经济价值，使有价值的成果能更快更好地造福社会。

四、高校科技成果国有资产管理改革历程

1. 科技成果资产评估备案管理改革

根据《国务院办公厅转发财政部关于改革国有资产评估行政管理方式加强资产评估监督管理工作意见的通知》（国办发〔2001〕102 号）、《财政部关于印发〈国有资产评估项目备案管理办法〉通知》（财企〔2001〕802 号），高校科技成果转化行为发生前应按有关规定进行资产评估，并将评估结果向主管部门备案。资产评估及备案管理一直是高校科技成果转化的重要环节，是一种具有审批性质的管理行为，其目的是防止国有资产流失。相关经济行为包括对外投资、清算、股权比例变动、产权转让等一切可能影响国有权益的行为。上述国有资产管理规定因流程复杂、时间长，影响了科技成果转化的效率。

（1）科技成果资产评估备案管理权下放（2011—2018 年）

为提高科技成果转化效率，减少审批流程和节省时间，2011 年，经国务院批准，财政部在中关村国家自主创新示范区开展了中央级事业单位科技成果处置和

收益权管理改革试点。2013 年 9 月，东湖国家自主创新示范区、张江国家自主创新示范区和合芜蚌自主创新综合试验区也列入改革试点实施范围。试点的主要内容之一就是简化科技成果处置的审批程序，将价值在 800 万元以下的科技成果处置由单位主管部门审批、报财政部备案，改为由单位自主处置、报财政部备案；800 万元以上的，仍按原程序经主管部门审核后报财政部审批。2014 年底，财政部、科技部和国家知识产权局印发《关于开展深化中央级事业单位科技成果使用、处置和收益管理改革试点的通知》，继续开展科技成果使用、处置和收益管理改革试点。与在中关村国家自主创新示范区开展的中央级事业单位科技成果处置和收益权管理改革试点相比，将单位科技成果的对外投资、许可等使用事项的审批纳入了改革范围，取消了主管部门、财政部门对科技成果使用、处置事项的所有审批和备案要求。在试点成功的基础上，2015 年，第十二届全国人民代表大会常务委员会第十六次会议上对 1996 年颁布的《中华人民共和国促进科技成果转化法》进行了修正。

对比传统事业单位国有资产处置路径与科技成果转化路径可以发现，传统的国有资产管理以事前审批、事后备案为监督方式，其目的主要是防止国有资产流失；而后者更侧重鼓励高校、科研院所处置科技成果，采取对处分的方式、过程和结果进行事中与事后监督的方式，国有科技成果转化的监管方式在不断优化。

但修正后的《中华人民共和国促进科技成果转化法》第十八条规定"国家设立的研究开发机构、高等院校对其持有的科技成果，可以自主决定转让、许可或者作价投资，但应当通过协议定价、在技术交易市场挂牌交易、拍卖等方式确定价格"，这与原有国有资产评估及其相关管理规定形成冲突，比如，当资产评估值大于协议定价时会不会被质疑国有资产流失？为适应新的形势和要求，国有资产管理必须做出相应的调整。

2017 年 7 月，《国务院关于强化实施创新驱动发展战略进一步推进大众创业万众创新深入发展的意见》（国发〔2017〕37 号）中指出"重点突破科技成果转移转化的制度障碍"，"推动科技成果、专利等无形资产价值市场化"，"依法发挥资产评估的功能作用，简化资产评估备案程序，实现协议定价和挂牌、拍卖定价"。为此财政部于 11 月发布了关于《国有资产评估项目备案管理办法》的补充通知（财资〔2017〕70 号）和关于印发《中央部门所属高校国有资产处置管理补充规定》的通知（财资〔2017〕72 号）予以落实，分别对《国有资产评估项目备案管理办法》（财企〔2001〕802 号）和《中央级事业单位国有资产处置管理暂行办法》（财教〔2008〕495 号）作出相应的补充和调整：将国家设立的研究开发机构、高校科技成果资产评估备案工作，由财政部负责调整为由研究开发机构、高校的主管部门负责。根据上述文件精神，2017 年 12 月，教育部办公厅印发了《关于进一步推动高校落实科技成果转化政策相关事项的通知》（教技厅函〔2017〕139 号），并先后下发了《关于规范和加强直属高校国有资产管理的若干意见》（教财〔2017〕9 号）和《关于落实直属高校国有资产管理有关政策的通知》（教财司函〔2018〕33 号），从具体部署任务的角度，将科技成果资产评估备案授权给直属高校负责，将备案管理权进一步下发给部属高校，使教育部部属高校真正享受了《中华人民共和国促进科技成果转化法》（2015 年修订）规定的"自主决定"权利。

以上文件的出台简化了国有资产使用、处置和评估备案等监管流程，国有资产监管向有利于促进科技成果转化的方向发展。但同时也对高校完善科技成果转化机制体制以及如何保障高校国有资产的安全提出了更高要求，仍然存在转化前必须评估以及国有资产保值增值等监管体制机制不适应科技成果转化发展要求而影响高校科技成果转化积极性的一系列问题。

（2）科技成果资产评估决定权下放并逐渐取消（2019 年至今）

为进一步解绑国有资产管理制度对科技成果转化的制约，2018 年，《国务院办公厅关于抓好赋予科研机构和人员更大自主权有关文件贯彻落实工作的通知》（国办发〔2018〕127 号）要求财政部"提出对《国有资产评估管理办法》的修订建议，简化科技成果的国有资产评估程序，缩短评估周期，改进对评估结果的使用方式"。

随后，财政部于 2019 年 3 月发布《关于修改〈事业单位国有资产管理暂行办法〉的决定》（财政部令第 100 号），规定国家设立的高校将其持有的科技成果转让、许可或者作价投资给国有全资企业的，可以不评估；给非国有全资企业的，由单位自主决定是否进行资产评估。国家设立的高校对其持有的科技成果，可以自主决定转让、许可或者作价投资，不需报主管部门、财政部门审批或者备案，并通过协议定价、在技术交易市场挂牌交易、拍卖等方式确定价格。

但由于高校在判定是否应进行资产评估时没有可依据的官方的、权威的具体标准，加之科技成果的价值在转化后可能发生较大变化，不少高校担心通不过审计、巡查，出于审慎监管和保护转化当事人的考虑，规定除普通许可之外所有的转化方式均须进行资产评估。针对高校对是否进行资产评估产生的纠结，为支持高校和科研院所依法依规行使科研相关自主权，增强其创新动力活力和服务经济社会发展的能力，2019年7月，科技部、教育部、国家发展和改革委员会、财政部、人力资源和社会保障部、中国科学院6部门联合下发《关于扩大高校和科研院所科研相关自主权的若干意见》，提出"修订完善国有资产评估管理方面的法律法规，取消职务科技成果资产评估、备案管理程序"。2019年9月财政部下发的《关于进一步加大授权力度促进科技成果转化的通知》（财资〔2019〕57号）中也指出，"鼓励地方开拓创新，探索符合科技成果国有资产特点的管理模式，充分发挥国有资产在科技成果转移转化中的支撑作用，支持地方促进科技成果转移转化"。

以上相关政策为取消高校院所科技成果转化过程中的资产评估和结果备案提供了明确的导向和依据。浙江省在2020年发布的《浙江省技术转移体系建设实施方案》中，率先规定"政府设立的研究开发机构、高等院校转化其持有的科技成果时，除涉及国家秘密、国家安全外，通过省内技术交易场所，以挂牌交易、拍卖方式确定价格的可以不进行资产评估和结果备案"，即以公开市场定价为保障，取消了省属高校院所科技成果转化时的资产评估和结果备案。还有一些省市规定，高校科技成果转化形成的股权不按传统国有资产进行管理，比如，黑龙江省2022年新推出的激励高校院所科技成果就地转化的措施中有一条，即省属高校科技成果作价投资后的损益不再进行国有资产保值增值考核；陕西省2022年也提出开展科技成果转化"三项改革"试点，其中第一项就是省属高校职务科技成果单列管理改革试点，即省属高校职务科技成果不再纳入国有资产管理体系，不再由高校国有资产管理部门管理，改为由科研管理部门负责；以作价投资等方式转化职务科技成果形成的国有资产处置，由高校自主决定，不审批，不备案，不纳入国有资产保值增值管理考核范围。

与地方高校的改革力度和措施相比，教育部直属高校虽然在决定是否评估和制定备案管理制度上获得了自主权，但在相关法规政策出台之前，由于职务科技成果的国有属性，仍然需要承担国有资产管理的相关责任。

2. 职务科技成果权属改革

职务科技成果的权利归属决定了科技成果能不能转化、怎么转化、由谁来转化等一系列问题，直接影响高校和科研人员开展科技创新和转化运用的积极性，也关系着投融资方式、来源和企业的产权配置、治理结构。随着我国创新驱动发展战略的实施，科技创新对经济发展的支撑和促进作用受到前所未有的重视，为进一步激发高校和科研人员实施科技成果转化的积极性，我国不断调整、修订和完善相关法律法规和政策制度，对高校职务科技成果权利进行了一系列的改革探索。

（1）使用权、处置权和收益权"三权"下放至高校的改革试点（2011—2015年）

在加大高校使用和处置科技成果自主权的同时，收益管理改革也在同步进行。2011年，财政部在中关村国家自主创新示范区开展了中央级事业单位科技成果收益权管理改革试点，将"处置收益全部上缴中央国库"改为"分段按比例留归单位、其余部分上缴中央国库"。2014年底，在国家自主创新示范区、合芜蚌自主创新综合试验区开展中央级事业单位科技成果使用、处置和收益管理改革试点时，进一步将单位科技成果的处置收入由"分段按比例留归单位"改为"全部留归单位"。在2019年发布的《关于修改〈事业单位国有资产管理暂行办法〉的决定》（财政部令第100号）中将这一改革试点成果明确了下来，即高校可以自行处置科技成果获得的全部收益，包括收益分配和对相关人员实施奖励。

在上述试点的基础上，2015年8月修订的《中华人民共和国促进科技成果转化法》，将科技成果转化的使用权、处置权和收益权下放给科研院所和高校，但第十九条规定，"国家设立的研究开发机构、高等院校所取得的职务科技成果，完成人和参加人在不变更职务科技成果权属的前提下，可以根据与本单位的协议进行该项科技成果的转化，并享有协议规定的权益"。可见，法律虽然赋予了高校一定程度的处置权和收益权，增加了高校的自主权限，但高校科技成果的国有资产的属性并没有改变。由于使用权、处置权和收益权等权利都是由所有权派生出来的，如果所有权问题不改革，高校在行使上述权利的时候依然存在诸多顾虑。

（2）所有权和长期使用权赋予科研人员的改革酝酿（2016—2019年）

2016年1月8日，李克强总理在国家科技奖励大会的讲话中提出，要加快改革科技成果产权制度、收益分配制度和转化机制，激发科技人员持久的创新动力（李克强，2016）。

2016年5月30日，习近平总书记在全国科技创新大会、两院院士大会、中国科学技术协会第九次全国代表大会上的讲话中也明确提出探索对创新人才实行股权、期权、分红等激励措施，让他们各得其所；会上李克强总理再次强调要推进科技成果产权制度改革。

2016年11月，中共中央办公厅、国务院办公厅印发《关于实行以增加知识价值为导向分配政策的若干意见》（厅字〔2016〕35号），指出要探索赋予科研人员科技成果所有权或长期使用权，发挥产权对收入分配长期的激励作用。

2018年3月，十三届全国人大一次会议上李克强总理又一次指出要探索赋予科研人员科技成果所有权和长期使用权。

2018年7月国务院《关于优化科研管理提升科研绩效若干措施的通知》（国发〔2018〕25号）提出开展赋予科研人员职务科技成果所有权或长期使用权试点。

2019年7月，科技部、教育部、国家发展和改革委员会、财政部、人力资源和社会保障部、中国科学院6部门联合下发《关于扩大高校和科研院所科研相关自主权的若干意见》的通知（国科发政〔2019〕260号），提出"科技、财政等部门要开展赋予科研人员职务科技成果所有权或长期使用权试点，为进一步完善职务科技成果权属制度探索路子"。从"要探索"到提出"要开展试点"，职务科技成果的所有权改革被提上日程。

（3）所有权和长期使用权赋予科研人员的试点实施（2020年至今）

2020年1月，科技部、国家发展和改革委员会、教育部、工业和信息化部、财政部、人力资源和社会保障部、商务部、国家知识产权局、中国科学院等9部门印发了《赋予科研人员职务科技成果所有权或长期使用权试点实施方案》（国科发区〔2020〕128号），对开展赋予科研人员职务科技成果所有权或长期使用权试点作出全面部署，同时强调要树立科技成果只有转化才能真正实现创新价值、不转化是最大损失的理念；优化科技成果转化国有资产管理方式，充分赋予试点单位管理科技成果自主权，探索形成符合科技成果转化规律的国有资产管理模式。

至此，科技成果所有权改革进入实施阶段。

2020 年 10 月 12 日，科技部公布了赋予科研人员职务科技成果所有权或长期使用权试点单位名单，共有 40 个单位参加试点，其中地方高校 16 所，教育部直属高校 7 所，工业和信息化部所属高校 4 所，中国科学院所属高校 1 所，其他为科研院所（科技部，2020）。

2020 年 10 月 17 日，第十三届全国人民代表大会常务委员会第二十二次会议对《中华人民共和国专利法》进行了第四次修正，将第六条中"职务发明创造申请专利的权利属于该单位"修改为"利用本单位的物质技术条件所完成的发明创造，单位与发明人或者设计人订有合同，对申请专利的权利和专利权的归属作出约定的，从其约定"，并在第十五条指出，"鼓励被授予专利权的单位实行产权激励，采取股权、期权、分红等方式，使发明人或者设计人合理分享创新收益"。这是在法律层面首次提出"产权激励"。

2020 年 11 月，《中共中央关于制定国民经济和社会发展第十四个五年规划和二〇三五年远景目标的建议》明确了中长期内科技成果产权的改革任务，即健全创新激励和保障机制，构建充分体现知识、技术等创新要素价值的收益分配机制，完善科研人员职务发明成果权益分享机制。

通过以上改革脉络的梳理，可以看出我国对高校职务科技成果的权属改革主要是在 2015 年之后，从将科技成果使用权、处置权和收益权下放给高校，解决科技成果相关权利在国家与高校之间的配置问题，到开展试点赋予成果发明人所有权，探索职务科技成果产权在高校与成果完成人之间的配置方案，改革力度前所未有。尽管目前还处于改革试点期，但阻碍科技成果转化市场化运行的"最初一公里"堵点正在一点点被打通。

五、高校职务科技成果混合所有制改革的探索

从职务科技成果"三权"改革到"赋予科研人员职务科技成果所有权或长期使用权试点"的过程中，一些高校在对职务发明权属制度进行深入研究和反思的基础上，对职务科技成果权属改革开展了积极而有益的实践探索，其中最具有代表性的是职务科技成果混合所有制改革。

1. 混合所有制改革的内涵

混合所有制的提法源于现代企业制度的标准化形式——股份制，这一制度可以是公有的、非公有的产权，融合到分散存在的市场主体——企业的内部产权结构里面去，寻求相关利益主体的共赢。

"混合所有制"最早出现在党的十五大报告里，报告指出"公有制经济不仅包括国有经济和集体经济，还包括混合所有制经济中的国有成分和集体成分"。党的十六大报告里提出要"积极推行股份制，发展混合所有制经济"。党的十六届三中全会通过的《中共中央关于完善社会主义市场经济体制若干问题的决定》提出，"大力发展国有资本、集体资本和非公有资本等参股的混合所有制经济，实现投资主体多元化"。党的十八届三中全会通过的《中共中央关于全面深化改革若干重大问题的决定》进一步提出积极发展国有资本、集体资本、非公有资本等交叉持股、相互融合的混合所有制经济。

发展混合所有制经济的目的是利用市场机制使资源配置更合理，从而提高资源配置效率。职务科技成果混合所有制是混合所有制经济实现的一种形式，通过单位与职务发明人共有知识产权，形成单位与职务发明人的利益共同体。由此可见，职务科技成果混合所有制改革在理念、参与主体、实施方式等方面，与混合所有制经济具有一定的相似之处（钟冲等，2022）。

2. 西南交通大学的改革实践

西南交通大学是最早开展职务科技成果混合所有制改革的院校（康凯宁，2015）。其核心措施是从学校制度层面明确了职务成果完成人可以与学校一起作为平等的主体，共同参与职务科技成果的产权分配。

西南交通大学从 2010 年开始探索职务科技成果混合所有制改革，经过五年的试验，2016 年，学校正式出台了《西南交通大学专利管理规定》，明确提出：学校将奖励前置简化为国有知识产权奖励。对既有专利和专利申请，学校通过专利权人和专利申请人变更的方式实现对职务发明人的奖励；对新的专利申请，学校通过共同申请实现对职务发明人的奖励。学校与职务发明人就专利权的归属和申请专利的权利签订奖励协议，规定或约定按 3：7 的比例共享专利权。职务发明人以团队为单位的，其内部分配比例由团队内部协商确定。

详细的落地流程分为已有专利确权变更和新专利共同申请两种。对于已有专利确权变更，具体操作是，高校将职务科技成果专利权转让给大学科技园，再由大学科技园出具变更材料，向知识产权局申请变更专利权人，进而使专利权原来由大学独有变更为大学和科研人员（科研团队）自然人共同所有，即混合所有。对于新规定实施后的专利申请，职务发明人可以选择是否与学校共同申请专利，如选择与学校共同申请的，则由学校与职务发明人签订奖励协议后共同向知识产权局提出申请专利。

科技成果混合所有制改革的突出特点就是改变了高校通常采用的"先转化，后确权"模式，体现在转化前的权属划分，可以有效消减"先转化，后确权"模式下的不确定性和延迟性；混合所有制还进一步明确了高校和发明人的收益分配，按照学校占比30%、职务发明人占比70%的比例来共同享有职务发明科技成果专利权带来的收益，这与之前将作价投资的股份不少于50%的比例奖励给发明人相比，是两种权利，权利的等级是不一样的，而且改革之前将已经形成的国有股权奖励给发明人，手续复杂程序较多，操作起来也比较困难。

西南交通大学的职务科技成果混合所有制改革在全国高校中产生了广泛的影响，被誉为科技领域的"小岗村试验"，先后登上中央电视台《新闻联播》《经济半小时》等栏目，被列入四川省首批全面创新改革试验经验成果。

3. 高校职务科技成果混合所有制改革的现实意义

产权清晰、明确是市场机制发挥作用的前提条件。职务科技成果混合所有制改革充分发挥了市场对资源的配置作用，体现了权利与责任对等、贡献与回报匹配的原则。西南交通大学的实践证明，科技成果混合所有制改革可以有效激发科研人员研发、转化成果的积极性，提高科技成果转化的效率和成功率（张铭慎，2017）。

（1）利益平衡，有利于破解所有权与收益权分离导致的困境

由于高校科技成果一般为职务成果，专利权由高校所有，成果完成人只能在科技成果转化并取得收益后才能由学校通过奖励形式或按校内相关管理文件规定

的比例进行利益分配，成果完成人在成果处置方面没有决定权，利益分配方面也处于弱势，同时还存在激励兑现滞后性的问题。科技成果混合所有制充分利用了产权制度与激励原则，将激励前置，在转化前就赋予科研人员一定比例的产权，作为投入智力劳动的回报，同时也考虑高校在科研经费和时间、仪器设备等方面的支持，保留其一部分产权。这既体现了高校与成果完成人双方创新资源的投入，也共同享有创新成果，这种权属分配格局极大地调动了各利益主体开展科技成果转化的积极性和主动性，有利于发挥高校和科技成果完成人两者在科技成果转化方面各自的资源优势，形成互补关系。"先确权，后转化"的改革思路消除了成果完成人事后获得奖励的不确定性，变被动接受奖励为主动参与收益分配，遵循了贡献与回报相匹配的原则，初步实现了国家与成果完成人的利益平衡（石琦等，2021）。

（2）激励相容，有助于提高科技成果转化的成功率

混合所有制在转化前就明确划分了高校和成果完成人拥有的权利份额或比例，建立了一个比较清晰、明确的产权结构，促使高校和成果完成人在行使权利、获得收益的同时也承担起相应的责任，不仅在专利申请阶段，双方共担申请费用，而且有助于改善科技成果获得后被束之高阁、无人问津的现状，促进成果完成人投入更多的精力参与到后续的转化环节，提高科技成果转化的成功率，真正实现国有资产的保值增值，充分体现了权利与责任的统一。同时还能从成果供给源头激发科研人员，使他们在科研活动中主动接轨市场，更加注重成果的可转化性，从而产出成熟度更高、更符合企业需求的科技成果，并主动披露职务成果，使科研人员的目标与高校的目标形成一致。

（3）降低交易成本，有助于提高科技成果转化效率

"先确权，后转化"可以减少管理环节，节约时间，符合科技成果的时效性强的要求。传统的按纯国有资产管理的高校科技成果转化一般是"先转化，后确权"，转化后的权利性质上属于国有资产，股权转让、收益分配都需要按国有资产处置的流程来办理，手续更复杂。混合所有制改革"先确权，后转化"，只需经过大学科技园和知识产权局就可以完成已有专利的权属变更和新专利的确权，确权一旦完成，后续环节的权利依照知识产权的相关规定进行就可以了。同时通过将收益奖励前置为成果产权激励，在一定程度上可减少国有资产流失的顾虑，降低科

技成果转化中因谈判、咨询、委托代理等产生的交易成本，并提升投融资机构支持科技成果转化的意愿，从而提高科技成果的转化效率。

科技成果混合所有制改革最大的现实价值在于推动了我国科技成果转化改革进一步深化。我国的改革实践一般采用"先试点，再推广"的形式，试点往往具有超前性，可能会突破某些现有法律制度的界限，如果试点的做法取得良好效果，且必要性、合理性、可行性等方面都得到验证和认可，就会反过来推动相关法律、法规的修订和制度的完善，为进一步扩大试点范围或为推行改革实施提供法律依据，以避免长时间无法可依或与法律规定相冲突的情形发生，影响改革进程。

通过职务科技成果混合所有制改革的时间和相关法规政策出台或修订时间的比对，可以看出，混合所有制改革始于 2010 年，2016 年在西南交通大学全面推进，2018 年推广至全国八个全面创新改革示范区。探索早于使用权、处置权、收益权下放改革，承接、"倒逼"出赋予科研人员职务成果所有权和长期使用权的改革试点，在推进过程中不断引领我国科技成果转化改革实践，推进政策立法走向深入（郝佳佳等，2021）。

六、深化高校职务科技成果权属改革的思考

1. 国有资产管理的约束和限制依然存在

科技成果混合所有制改革解决了成果完成人的激励问题，激发了科研人员开展科技成果转化的积极性，但因为高校持有的部分产权仍属于国有资产，还需按国有资产相关规定进行管理，科技成果的自由流动依然受到限制，保值增值责任依然存在。

虽然近几年，我国重新修订了一系列涉及科技成果转化的国有资产管理制度，强调要简政放权，将科技成果评估、备案管理权限下放至高校，减少了相关的评估和审批程序，缩短了科技成果转化前所涉及国有资产管理的审批时间，为提高科技成果转化效率创造了有利条件。但同时也相应强化了高校的国有资产管理责任。例如《财政部关于修改〈事业单位国有资产管理暂行办法〉的决定》（财政部令第 100 号）中新增加了对故意低价处置科技成果的事业单位和相关工作人员

的处理措施；《关于进一步加大授权力度促进科技成果转化的通知》（财资〔2019〕57 号）中明确要求落实高校、高校主管部门和财政部门的主体责任，加强监督管理，对科技成果作价投资形成国有股权，要健全完善管理制度，建立内控和风险防控机制。包括前面提到的黑龙江省和陕西省等省属高校在职务科技成果转化形成国有资产单列管理的同时，也强调了尽职免责和加强监管的前提。

可见，混合所有制改革并没有突破国有资产管理的约束和限制。对高校来讲，主体责任反而更加被强化；而对于成果完成人来说，科技成果转化需要投入大量的时间和精力，但转化能不能收到预期的效果，能不能获得理想的收益都不确定，而且在科技成果转化中对国有资产处置不当还可能触犯法律法规，这些影响成果完成人转化意愿的因素依然存在。

2. 职务科技成果权属改革力度亟须加大

要推进科技成果转化市场化运行，需要进一步突破职务科技成果转化的制度困境，加大科技成果权属改革力度，为科技创新营造更为宽松的外部环境。赋予科研人员职务科技成果所有权是从根本上解决科技成果转化制度困境、推进科技成果转化市场化运行的路径选择。

第一，将所有权赋予科技成果完成人符合马克思劳动价值理论。该理论认为，商品由资本、物质条件和劳动等投入生产，资本和物质条件只能改变其形态且价值转移到新商品中，劳动则可以带来新商品增值，因此科研人员拥有其创造性劳动成果产权也是合情合理的。

第二，将所有权赋予成果完成人符合现代产权理论。科技成果转化过程中因要满足国有资产管理的要求大大增加了交易成本，而高校因国有资产保全选择放弃转化或对交易成本漠视都不会使高校付出任何代价。但是，将权力赋予能够进行成果转化并产生最大效益的成果完成人，不仅可以减少交易成本，而且通过将产权从高校转移至科技成果完成人，可以促进科技成果被高效利用，权利被引导至最有价值的用途，并通过市场交易达到资源的最优配置，从而实现社会效益的最大化。

第三，对职务科技成果的判断本身操作起来有一定难度。由于科技成果是智慧和经验的结晶，依赖于科研人员长期的积累和所掌握的相关专业理论知识，并不受时间和场所的限制，因此难以判断那些没有项目依托的科技成果是不是在"执行本单位工作任务"时获得的职务成果。同样，对于"主要是利用单位的物质技术条件"还是"非主要利用本单位物质技术条件"之间的认定标准也不明确，证明起来也比较困难。实践中关于职务科技成果认定的纠纷和争议屡有发生，对激励高校科研人员在执行本单位任务以外的工作中进行创造性劳动不可避免地产生了负面的影响。

第四，高校所拥有的科技成果是资源不是资产。经济学认为能够带来收益的资源才是资产。高校的很多科技成果仅通过了实验室验证，本身是不成熟的、不系统的，自身也缺乏市场导向，能不能转化并产生收益具有很大的不确定性，而且这种资源与成果完成人的人力资源、智力资源是捆绑在一起的，因此严格地说科技成果还不能称为资产。如前所述，科技成果只要被赋予国有属性，无论转化与否都可能存在国有资产流失的问题，这显然是不合理的，因此破除制度障碍的关键一步就是改变科技成果"国有资产化"。

3. 在国民经济发展中衡量科技成果增值

要转变传统国有资产保全、国有股权的思想观念，充分认识到科技成果国有资产化不利于科技成果转化，甚至是起到阻碍的作用。应从更大范围和更长远时间来看待科技成果权属问题，树立科技成果只有转化才能实现其价值、不转化才是最大的损失的观念。

科研工作的根本目的是促进人类社会的进步和发展，如果说将科研成果写成文章发表出来是将"钱变成纸"，成果转化则是将"纸变成钱"，如果科研工作只进行到发表论文就中断的话，创新链条是不完整的，甚至是对前期投入科研资源的浪费。只有"把纸再变成钱"，才符合科技成果转化市场化运行的投入产出逻辑。这个产出，不能仅仅局限于在国有资产系统中衡量科技成果是否保值增值，而应放眼于对地区产业升级和国民经济的促进、对社会环境的改善，以及创造的就业机会、激发的市场活力、增加的地方税收、企业的收益、投资方的回报等。因此将职务科技成果赋予成果完成人，如果不转化或转化失败，高校和相关管理人员也不会承担国有资产流失的责任；如果转化成功，收益由成果完成人支配，从表面上看似乎是国有资产流失，但从长远来看，允许科研人员通过自己的智力劳动获得回报可以促进整个社会形成崇尚创新的风气，就像改革开放初期允许一部分人先富起来一样，通过市场这块"试金石"筛选出来的科技成果，其创造的价值（经济价值、社会价值）和对创新的带动作用都远远大于"流失的国有资产"。政府需要做的是如何引导成果完成人将这些个人所得的收益通过别的形式回馈高校和社会，在全社会形成良性大循环。

第七章　思考与建议

本书以高校技术转移市场化运行为研究对象，探讨如何充分发挥市场在创新资源配置中的作用，有效提升高校科技成果转化效率。然而，高校技术转移系统涉及的主体多、范围广，需要多方面的共同努力，注重各方力量的有机结合，尤其要正确处理好政府和市场的关系，用好"看不见的手"和"看得见的手"，将有为政府和有效市场结合起来，既要坚持社会主义市场经济改革方向，发挥市场机制在资源配置中的决定性作用，也要发挥政府的引导和促进作用，在市场失灵的时候，进行科学的调控和统筹，推动我国的科技创新事业健康、可持续发展。

一、克服部门分割，强化政策的衔接与落实

在市场经济比较成熟的国家，特别是创新体系比较完善的国家，知识、技术等创新要素的流动是按照市场机制、遵循资源最优配置原则自发组织与实现的，政府在技术转移方面的相关政策重点是制定法律法规（如《中华人民共和国专利法》《中华人民共和国合同法》）和完善市场。我国当前处于科技体制、经济体制改革的关键时期，尽管过去几年，政府在推进高校技术转移的过程中，通过制定、完善相关政策，对促进成果转化的法律法规及配套政策进行了系统优化和改进，从顶层设计到战略规划，从政策制定到工作部署，我国科技成果转化体制机制进一步得到完善，支持高校科技成果转移转化的政策体系已基本建成，有效地激发了各主体的积极性，为引导高校技术转移市场化运行发挥了积极的作用。但由于高校技术转移涉及科技、教育、财政、国资、税务、审计、纪检等多个政府管理部门，各部门对高校科技成果转化工作仍处于磨合阶段，一些影响技术转移的堵点、难点还有待疏通，还面临市场发育不成熟、市场规则和手段不健全、产学研主管部门各自为政、创新要素不能自由流动、管理体制不适应等问题，需要政府遵循市场化、法治化原则，进一步健全科技成果转化跨部门联合施策的推进

机制，加强政府部门间的沟通、协调和配合，在各项政策的落实上形成合力，针对长期以来造成科技与经济脱节以及影响高校科技成果转化中的难题，继续加强市场基础制度建设，不断提高政策的统一性、规则的一致性和执行的协同性。通过"先试点，再推广"的方式，积极稳妥推进改革进一步深化，当可推广性得到验证之后，尽快将一些临时性的政策、规章以制度或法律的形式固定下来，从而消除不同规章制度之间的矛盾和掣肘，使高校技术转移在各个环节的操作都能得到制度或法律保障。

当前，各地方、各高校贯彻中央政策的速度和力度存在差异，一些地方和高校还存在重视程度不够、政策理解不深入、执行不到位等现象，究其原因是政策精神没有得到很好的传达和普及，部分政策在操作层面还需要进一步细化，比如在专利申请前评估、科技成果转化、赋权改革等政策中均有尽职免责的规定，但依法依规免责的具体细则还不明确。应加大政策的宣传解读和培训辅导的范围和力度，让相关人员了解政策文件的出台背景、要解决的问题，准确把握政策的精神要义；同时建立畅通的政策咨询渠道，在相关人员学习政策遇到问题产生困惑时，能获得权威而专业的释疑解答。

二、弥补市场失灵，发挥好政府的调节作用

推进高校科技成果转化，关键是科学界定政府和市场的边界，让政府和市场各归其位、各司其职。一方面要尊重市场经济的一般规律，最大限度减少政府对市场资源的直接配置和对微观经济活动的直接干预，充分发挥市场在资源配置中的决定性作用；另一方面，当发生市场失灵时，政府要发挥好引导和服务作用。

"市场失灵"是指在市场机制充分发挥作用的情况下，创新资源要素不能得到有效的配置。科技成果转化虽然是一种市场行为，但同时又具有社会公共事业的特征，市场失灵难以避免。首先，科技创新带来的技术变革可能形成垄断，而垄断者如果通过控制市场价格谋求更高利润，就会造成资源配置的低效；其次，由于市场具有"趋利避害"的特点，技术转移奖励比例的提高，可能加剧高校和科研人员的逐利倾向，使其热衷于研发那些投入少、风险小、转化成功率高的"短

平快"的科技成果，这不仅导致市场出现重复、低效、无序的状况，还不利于高质量科技成果的供给，甚至在一些事关国家和社会经济发展全局的"创新公地"可能出现"无果可转"的困境。因此，当发生市场失灵时，政府需要通过调整激励方式、产业技术政策或税收优惠等途径加以引导和统筹。

科技成果转化还具有明显的外部经济性质，对那些投入大、风险高、对企业承接能力要求高、不确定性大的战略性、前瞻性技术成果转移转化，单纯依靠市场机制来推动，企业、投资机构的积极性都不高，需要政府主动有为，发挥在关键核心领域科技资源配置的导向和调配作用，如由政府主导组织具有战略引领性和突破带动性的技术研发、直接投资扶持重大专项的成果转化、奖励成效突出的科技成果转化高校或个人、实施政府采购等手段做好引导和推动，以弥补市场失灵，确保影响国家安全、生态环境、战略产业、社会经济发展的关键核心技术的转移转化顺利进行。

三、克服市场短视，加强战略创新资源储备

高校是国家技术转移体系基础架构的组成部分，是推动科技成果转化的重要力量，同时也是基础研究的主力军。基础研究是科技创新的先导和源头，一般是先有理论上的突破才会产生技术变革，有时一项科学发现可能开辟一项颠覆性的应用研究领域，因此一个国家的自主创新能力与其基础研究水平密切相关，必须将发展基础研究作为我国加快建设科技强国的基本遵循。

但是由于基础研究是对自然及其规律的探索性揭示，取得的科研成果不能直接进入市场，也不可能直接带来明显的经济效益和商业利润。如果仅通过市场对科技资源进行配置，可能在追逐利润和急功近利的内外部因素驱动下，因为过分注重经济价值，导致真正决定国家科技竞争力的基础性研究和自主创新被忽视，这将对科技发展和社会进步造成极大的危害。

因此政府在推进高校技术转移市场化运行的同时，要积极干预和引导从事基础研究的高校科研人员克服市场短视行为，一方面，通过增加基础研究经费投入，加强研究平台建设；另一方面，采取改革考核评价办法，营造宽容轻松的科研环

境等，鼓励他们投入更多精力踏踏实实地开展基础研究工作，避免出现市场化导致的科研浮躁心态，勇于做"栽树人""挖井人"。同时要瞄准世界科技前沿，做好长远规划和布局，在前瞻性基础研究领域提前谋划，下好"先手棋"，实现原创性、引领性基础研究成果的重大突破，为建设世界科技强国储备好战略创新资源。

参 考 文 献

白景明, 洪金明, 刘天琦. 2020. 促进高校、科研院所科技成果转化的国有资产监管体系研究[J]. 专利法研究 (2018): 154-173.

鲍新中, 陈柏彤, 徐鲲. 2021. 中国情境下的知识产权证券化: 政策背景、国际比较及模式探究[J]. 中国科技论坛, (11): 176-188.

闭明雄. 2017. 科技成果市场化中的产权问题及模式选择[J]. 科技创新与生产力, (07): 1-6.

财政部. 2014. 三部门解读《关于开展深化中央级事业单位科技成果使用、处置和收益管理改革试点的通知》[DB/OL]. http://www.gov.cn/xinwen/2014-10/17/content_2766872.htm[2014-10-17].

曹荣. 2019. 科技成果转化的财政金融支持研究——基于中美比较的视角[M]. 北京: 科学出版社: 53, 91-92.

陈宝明. 2016. 完善促进科技成果转化的市场运行机制[J]. 紫光阁, (06): 48-49.

陈芳, 胡喆. 2021. 用好"指挥棒"破除"唯论文"和"SCI至上"——科技部部长王志刚谈《关于完善科技成果评价机制的指导意见》看点[DB/OL]. https://www.most.gov.cn/xxgk/xinxifenlei/fdzdgknr/fgzc/zcjd/202108/t20210804_176229.html[2021-08-04].

陈乐平. 2020. 以市场定价取代资产评估 浙江科技成果转化亮出"新姿势"[J]. 今日科技, (01): 8-10.

陈曦. 2022-03-11. 科技成果转化政策落实不到位? 代表委员来支招! [N]. 科技日报, 第1版.

陈振明. 2000. 评西方的"新公共管理"范式[J]. 中国社会科学, (06): 73-82, 207.

董亮, 张玢, 李明亮, 等. 2015. 我国技术市场理论的嬗变——从科技成果转化到技术转移[J]. 科学管理研究, 33(01): 112-116.

董希淼. 2022. 多层次提升科技金融服务效能[DB/OL]. http://views.ce.cn/view/ent/202205/06/t20220506_37554556.Shtml[2022-05-06].

付耀耀. 2021. 统筹新型研发机构建设 打造创新体系新高地[J]. 科技中国, (09): 12-14.

葛爱峰, 陶炜. 2022-02-11. 知识产权证券化项目发行井喷, 杭州开展试点探索新模式[DB/OL]. https://www.chinatimes.net.cn/article/114602.html[2022-02-11].

葛章志. 2016. 权利流动视角下职务科技成果转化机制研究[D]. 合肥: 中国科学技术大学: 43-44.

国家知识产权局专利管理司, 中国技术交易所. 2012. 专利价值分析指标体系操作手册[M]. 北京: 知识产权出版社: 5-10.

郝佳佳, 雷鸣, 钟冲. 2021. 高校职务科技成果权属混合所有制改革研究综述[J]. 中国科技论坛,

（04）：128-139.

何小敏，巨龙. 2020. 第三方标准化评价在市场配置资源中的作用[J]. 青海科技，27（03）：6-13.

湖北省发改委. 2020. 中共湖北省委组织部　湖北省发展和改革委员会关于 2020 年现代服务业领军人才选拔培养工作的通知[DB/OL]. http://fgw.hubei.gov.cn/fbjd/zc/zcwj/tz/202008/t20200804_3763534.shtml[2020-07-30].

华中科技大学. 2003. 大学国家技术转移中心的运行模式与实践探索[DB/OL]. https://www.most.gov.cn/ztzl/qgkjgzhy/2003/hyjlcl/bmysjlclzb/200605/t20060509_32185.html[2003-01-15].

华中科技大学. 2022. 华中科技大学科技成果转化管理办法（2022 年 4 月修订）[DB/OL]. http://iat.hust.edu.cn/info/1046/1659.htm[2022-04-09].

黄亮. 2015. 高校科技成果转化困境初探——基于无形资产管理角度[J]. 教育财会研究，26（02）：36-39.

黄晓艳. 2014. 让技术交易更加市场化——访中国技术交易所总经理郭书贵[J]. 高科技与产业化，（01）：78-83.

江苏大学. 2018. 江苏省技术经理人从业佣金收费标准[DB/OL]. https://jszy.ujs.edu.cn/info/1023/1013.htm[2022-09-25].

教育部科技司. 2020. 教育部科技司关于印发首批高等学校科技成果转化和技术转移基地典型经验的通知[DB/OL]. http://www.moe.gov.cn/s78/A16/tongzhi/202004/t20200417_444200.html[2020-04-17].

九三学社中央委员会. 2022. 关于提高高校和科研院所科技成果转化效能的提案[DB/OL]. http://www.93.gov.cn/m/site/content.do?id=767787[2022-03-05].

康凯宁. 2015. 职务科技成果混合所有制探析[J]. 中国高校科技，（08）：69-72.

科技部. 2020. 科技部关于印发《赋予科研人员职务科技成果所有权或长期使用权试点单位名单》的通知[DB/OL]. https://www.most.gov.cn/xxgk/xinxifenlei/fdzdgknr/qtwj/qtwj2020/202010/t20201019_159267.html[2020-10-19].

李克强. 2016. 在国家科学技术奖励大会上的讲话[DB/OL]. http://www.xinhuanet.com/politics/2016-01/08/c_1117718974.Htm[2016-01-08].

李永森. 2022. 资本市场支持实体经济再进阶[J]. 中国金融，（03）：35-37.

梁正. 2019-10-30. 中国科技成果转化政策 40 年回顾与反思[N]. 学习时报，第 A6 版.

蔺娜，龚可唯. 2021. 科技成果转化尽职免责机制建设问题研究[J]. 科技与金融，（10）：47-50.

刘伍堂，王晓冉，肖霖之，等. 2019. 科技成果知识产权评估指标体系及评估方法[J]. 中国资产评估，（06）：30-39.

刘云，王小黎，巨龙. 2021. 新兴技术监测与科技成果评价[M]. 北京：知识产权出版社：173.

南京工业大学. 2019. 南京工业大学技术经理人管理办法[DB/OL]. http://sp.njtech.edu.cn/info/1034/3617.htm[2019-10-23].

强郁文. 2022-03-02. 助力产研对接，服务成果转化，技术经纪人——慧眼识技术　精准找市场[N].

人民日报, 第 11 版.

人民网. 2022. 郑福田委员: 规范技术要素市场 促进科技成果转化[DB/OL]. http://nm.people. com.cn/n2/2022/0306/c196689-35161974.html[2022-03-06].

上海交通大学. 2016. 关于印发《上海交通大学科技成果转化资金管理及收益分配细则(试行)》 的通知. https://life.sjtu.edu.cn/Assets/userfiles/files/kyglzc/1-4/%E6%94%BF%E7%AD%964_ 4-%E3%80%8A%E4%B8%8A%E6%B5%B7%E4%BA%A4%E9%80%9A%E5%A4%A7%E5 %AD%A6%E7%A7%91%E6%8A%80%E6%88%90%E6%9E%9C%E8%BD%AC%E5%8C% 96%E8%B5%84%E9%87%91%E7%AE%A1%E7%90%86%E5%8F%8A%E6%94%B6%E7% 9B%8A%E5%88%86%E9%85%8D%E7%BB%86%E5%88%99%E3%80%8B%EF%BC%88 %E6%B2%AA%E4%BA%A4%E5%8A%9E%E3%80%902016%E3%80%911%E5%8F%B7% EF%BC%89.pdf[2016-01-14].

上海知识产权. 2022. 2021 年上海知识产权质押融资工作十大典型案例(八)科技担保为知识产 权质押注入活力[DB/OL]. http://www.ssip.com.cn/recommend/71734.htm[2022-09-23].

沈佳. 2021-03-24. "四不像": 产业转型升级"强引擎"(下)[N]. 山西日报, 第 4 版.

石琦, 钟冲, 刘安玲. 2021. 高校科技成果转化障碍的破解路径——基于"职务科技成果混合所 有制"的思考与探索[J]. 中国高校科技, (05): 85-88.

苏竣. 2021. 公共科技政策导论[M]. 北京: 科学出版社: 194-195.

唐泳, 赵光洲. 2011. 科技资源市场化配置中的风险分析[J]. 科技进步与对策, (08): 129-132.

同济大学. 2021. 关于修订《同济大学科技成果转化管理办法》的通知[DB/OL]. http://kgb.tongji. edu.cn/index.php?classid=11306&newsid=20019&t=show[2021-09-27].

王春芳. 2019. 构建科技成果高质量转化的科技评估管理标准体系[C]. 第十六届中国标准化论 坛论文集, 郑州: 43-56.

王嘉. 2010. 科技成果评估方法与指标体系的研究[D]. 北京: 中国矿业大学: 26-27.

韦颜秋, 邹立尧. 2015. 科技成果评估中主观方法的量化改进研究[J]. 首都师范大学学报(社会 科学版), (06): 73-78.

吴珂, 吕律, 王明辰, 2021. "十三五"中国专利质押融资金额达 4705 亿元[DB/OL]. https://www. cnipa.gov.cn/art/2021/2/24/art_53_156889.html?ivk_sa=1024320u[2021-02-24].

吴寿仁. 2017. 科技成果转化若干热点问题解析(六)——科技成果市场化定价案例解析[J]. 科 技中国, (11): 67-72.

吴寿仁. 2018a. 科技成果转化若干热点问题解析(九)——技术及技术转移概念辨析及相关政策 解读[J]. 科技中国, (02): 54-60.

吴寿仁. 2018b. 中国科技成果转化 40 年[J]. 中国科技论坛, (10): 1-15.

吴寿仁. 2018c. 科技成果转化若干热点问题解析(十一)——关于科技成果成熟度的思考[J]. 科 技中国, (04): 28-35.

武汉大学. 2014. 武汉大学科技成果转化和收益管理办法(试行)[DB/OL]. http://waterlab.whu.edu.

cn/index.php/Guanli/newslist/id/1531.html[2014-12-31].

新华社. 2019. 上海在杨浦国家双创示范基地推出新型投资基金[DB/OL]. https://www.usst.edu.cn/2019/0809/c58a33972/page.htm[2019-08-12].

徐明波, 荀渊. 2021. 高校科技成果转化机构定位、职能及其影响因素研究——基于中美研究型大学科技成果转化机构的对比分析[J]. 高教探索, (11): 34-42.

闫傲霜, 刘晖, 张虹, 等. 2020. 技术经纪人培训教程：京津冀[M]. 北京: 兵器工业出版社: 153-154.

杨文硕. 2020. 高校供给侧开展技术评估评价的实务矩阵体系[J]. 科技中国, (04): 69-73.

苑泽明, 刘冠辰, 李萌, 等. 2019. 新中国成立 70 年无形资产研究回顾与展望[J]. 会计研究, (11): 20-27.

张伴. 2018. 基于修正型收益法模型的软件著作权价值评估[D]. 保定: 河北大学.

张宝生, 张庆普. 2015. 高校科技资源市场化配置的运行体系及完善对策研究[J]. 科技管理研究, (23): 78-83, 113.

张娟. 2016. 大学技术转移项目化管理及运行[M]. 北京: 科学出版社: 45.

张娟, 郭炜煜, 刘明军. 2011. 大学技术转移市场化运行机制研究[J]. 科学管理研究, 29(04): 65-68, 73.

张娟, 翟亚军, 荀振芳. 2020. 我国设置技术转移专业学位的构想与建议[J]. 学位与研究生教育, (09): 37-43.

张立平. 2019-01-17. 代表委员谈如何提高科技成果转化率: 扭住核心技术这个"牛鼻子"[N]. 天津日报, 第 3 版.

张明喜. 2020-06-18. 对科研人员的创新激励力度更大了[N]. 光明日报, 第 16 版.

张铭慎. 2017. 如何破除制约入股型科技成果转化的"国资诅咒"？——以成都职务科技成果混合所有制改革为例[J]. 经济体制改革, (06): 116-123.

张瑞萍, 历军. 2019-03-15. 建立以需求为导向的科技成果转化机制[N]. 光明日报, 第 11 版.

张妍, 郭文君. 2019. 中央级科研院所科技成果转化国资管理政策变化浅析[J]. 高科技与产业化, (12): 84-88.

赵军明, 张慧坚, 黄浩伦, 等. 2020. 新型研发机构研究现状述评及发展趋势分析[J]. 科技创新与应用, (32): 16-20.

赵昕. 2006. 基于企业孵化器途径的科技成果转化与风险投资研究[D]. 天津: 天津大学.

中国电子报. 2022. 安徽: 多策并举破解中小微企业融资难题[DB/OL]. http://jx.ah.gov.cn/sy/mtgz/146521771.html[2022-03-16].

中国人民银行, 科技部, 工业和信息化部. 2022. 中国人民银行 科技部 工业和信息化部关于设立科技创新再贷款的通知[DB/OL]. http://kj.quanzhou.gov.cn/xxgk/tzgg/202206/t20220616_2739284.htm[2022-06-16].

中国银监会, 科技部, 中国人民银行. 2016. 中国银监会 科技部 中国人民银行关于支持银行业金融机构加大创新力度开展科创企业投贷联动试点的指导意见[DB/OL]. https://www.most.gov.cn/ztzl/lhzt/lhzt2017/jjkjlhzt2017/201702/t20170228_131437.Html[2016-04-27].

中国政府网. 2022. 我国 PCT 国际专利申请量连续三年第一[DB/OL]. http://www.gov.cn/xinwen/2022-02/11/content_5673183. htm[2022-02-11].

中华人民共和国国家质量监督检验检疫总局, 中国国家标准化管理委员会. 2016. 农业科技成果评价技术规范(GB/T32225—2015)[S]. 北京: 中国标准出版社出版: 2.

中华人民共和国国家质量监督检验检疫总局, 中国国家标准化管理委员会. 2017. 技术转移服务规范国家标准(GB/T 34670—2017)[S]. 北京: 中国标准出版社: 9.

钟冲, 石琦, 雷鸣, 等. 2022. 高校国有资产管理体制对职务科技成果转化影响研究[M]. 成都: 西南交通大学出版社: 28, 50.

周晓唯. 2005. 资源市场化配置的法学分析[M]. 北京: 中国社会科学出版社: 21-27.

朱常海. 2022. 新型研发机构如何促进创新[J]. 科技中国, (07): 5-9.

朱冬元, 黄英财, 王剑. 2020. 我国科技成果评价市场化管理研究[J]. 合作经济与科技, (05): 106-110.

朱新涛. 2007. 大学功能与市场化[M]. 郑州: 黄河水利出版社: 104.